CPSIA information can be obtained
at www.ICGtesting.com
Printed in the USA
BVHW070630130223
658295BV00014B/1528

9 781780 584720

بيئة عمل الشركات

نحو منظمة صحية واحترافية وطموحة

الدكتور محمد بن دليم القحطاني

أستاذ إدارة الأعمال الدولية المشارك

خبير ومفكر اقتصادي

@DRMDMQ

إصدارات دار "إي-كتب"

لندن، حزيران يونيو 2019

Business environment

Towards a healthy, professional and ambitious organization
BY: Dr Mohammed Duliem AlQahtany
All Rights Reserved to the author ©
Published by e-Kutub Ltd
Distribution: TheBookExhibition.com & Associates
All yields of sales are reserved to the author
ISBN: 9781780584720
First Edition
London, June. 2019
** * **

الطبعة الأولى،

لندن، حزيران – يونيو 2019

بيئة عمل الشركات: نحن منظمة صحية واحترافية وطموحة

المؤلف: د. محمد بن دليم القحطاني

الناشر: e-Kutub Ltd، شركة بريطانية مسجلة في انجلترا برقم: 7513024

© جميع الحقوق محفوظة للمؤلف

التوزيع: TheBookExhibition.com

كل عائدات البيع محفوظة للمؤلف

لا تجوز إعادة طباعة أي جزء من هذا الكتاب إلكترونيا أو على ورق. كما لا يجوز الاقتباس من دون الإشارة الى المصدر.

أي محاولة للنسخ أو إعادة النشر تعرض صاحبها الى المسؤولية القانونية.

إذا عثرت على نسخة عبر أي وسيلة اخرى غير موقع الناشر (إي- كتب) أو غوغل بوكس أو أمازون، نرجو إشعارنا بوجود نسخة غير مشروعة، وذلك بالكتابة إلينا:

ekutub.info@gmail.com

يمكنك الكتابة الى المؤلف على العنوان التالي:

mohd_duliem@hotmail.com

الفهرس

البيئة الداخلية 5

الموضوع الأول: نظام الشركة........................5

الموضوع الثاني: الهيكل التنظيمي 12

الموضوع الثالث: النمط الإداري السائد........................19

الموضوع الرابع: الملّاك 23

الموضوع الخامس: نشاط الشركة 31

الموضوع السادس: الأداء الوظيفي 34

الموضوع السابع: علاقة الموظفين مع بعضهم 38

الموضوع الثامن: الاتصالات........................42

الموضوع التاسع: التدريب........................48

الموضوع العاشر: الرواتب والحوافز 52

الموضوع الحادي عشر: الترقيات 60

الموضوع الثاني عشر: ولاء الموظفين........................66

الموضوع الثالث عشر: سمعة المنظمة........................72

البيئة الخارجية 76

الموضوع الاول: نظام الدولة........................77

الموضوع الثاني: قانون العمل والتأمينات والتقاعد 81

الموضوع الثالث: الوضع الاقتصادي العام 92

الموضوع الرابع: العولمة........................99

3

الموضوع الخامس: المنافسون 102

الموضوع السادس: المؤسسات الحكومية 106

الموضوع السابع: الموردون، العملاء، المساهمون 109

الموضوع الثامن: المؤسسات المالية (البنوك) 121

الموضوع التاسع: مستوى التعليم 128

الموضوع العاشر: التكنولوجيا 135

الموضوع الحادي عشر: خدمة المجتمع والتطوع 140

الموضوع الثاني عشر: العادات والتقاليد 146

الموضوع الثالث عشر: تفاعل المنظمة البيئي 149

البيئة الداخلية

الموضوع الأول: نظام الشركة

البيئة الداخلية للشركات تواجه تغيرات عديدة وتقلبات تؤثر على سير عملها بشكل أو آخر، ولمواجهة هذه التقلبات والمتغيرات والتكيف معها لابد من إقرار نظام للشركة من خلال اتباع نظام الشركات السعودي لضمان نجاح أعمالها وتلبية رغبات الملاك والمستفيدين من الشركة.

تواجه شركات ومنظمات الأعمال أياً كانت طبيعة عملها- خلال دورة حياتها – العديد من المتغيرات والمحددات التي تؤثر فيها بشكل أو بآخر، كما يمكن لتلك المنظمات أن تؤثر في البيئة الداخلية المحيطة بها، اعتماداً على قدراتها في التكيف مع الظروف البيئية وتطبيق السياسات المناسبة مما يعزز من فرص بقائها ونموها وتطورها، وفي هذا الصدد يذكر كوتلر بأن منظمات الأعمال الناجحة هي التي تأخذ بعين الاعتبار ما يحيط بأعمالها في الداخل والخارج، والتي أدركت أهمية العوامل البيئية الداخلية وضرورة التكيف والاستجابة لخلق أفضل الفرص التسويقية لبيئة عملها[1].

كما أن نظام الشركة يشمل العمليات والأشخاص، التي تخدم احتياجات المساهمين والملاك وأصحاب المصالح، من خلال توجيه ومراقبة أنشطة إدارة الأعمال الجيدة مع، الموضوعية والمساءلة والنزاهة فالإدارة السليمة في البيئة الداخلية للشركات تعتمد على

[1] السالم، مؤيد سعيد، نظرية: مداخل وعمليات، بغداد: مطبعة شفيق

التزامها بالمتغيرات والتشريعات الخارجية، بالإضافة إلى خلق ثقافة صحية تشمل سير وسلاسة العمليات وتطبيق السياسات والإجراءات.

أبرز ملامح نظام الشركات الجديد
شركة الشخص الواحد
يمكن تأسيس الشركة ذات المسؤولية المحدودة والمساهمة من شخص واحد
عدد الشركاء
شريكين بدلاً من خمسة شركاء في شركة المساهمة
رأس المال
الحد الأدنى لرأس مال شركة المساهمة خمسمائة ألف ريال بدلاً من مليونين
الحوكمة
• حظر الجمع بين منصب رئيس مجلس الإدارة وأي منصب تنفيذي بالشركة
• لجنة مراجعة لمراقبة أعمال الشركة
• التصويت التراكمي في انتخاب مجلس الإدارة
تقييم الحصص
تقييم الحصص العينية بعدالة من مقيم معتمد
اجتماعات جمعيات المساهمين
• اجتماعات الجمعيات العامة بواسطة وسائل التقنية الحديثة
التصرف في الأسهم
للشركة شراء أسهمها أو ارتهانها ورهنها
الصكوك وأدوات الدين
لشركة المساهمة إصدار أدوات الدين أو الصكوك التمويلية
الشركة العائلية والقابضة
عناية خاصة بالشركات العائلية بإطار قانوني للشركات القابضة
اللوائح
لوائح لتنفيذ النظام تصدر من وزير التجارة والاستثمار ومجلس هيئة السوق المالية

تعريف النظام:

النظام هو مجموعة عناصر متفاعلة فيما بينها، لأجل تحقيق هدف محدد.

أو هو ببساطة مجموعة من النظم المتفاعلة، فالكون نظام، والذرة نظام، وإدارة الموارد البشرية نظام.

كذلك يمكن تعريف النظام بأنه مجموعة من النظم الفرعية ترتبط مع البيئة بواسطة علاقات لتحقيق هدف، والنظم الفرعية هي المكونات الأساسية للنظام، أما البيئة فهي ما يحيط بالنظام وتؤثر وتتأثر بذلك النظام، من خلال العلاقات التي تربط النظم الفرعية مع النظام، وكذلك العلاقات بين النظام والبيئة.

الضوابط الأساسية لنظام الشركات:

1- وجود نظام مؤسس مكتوب يشمل الإجراءات والسياسات المتبعة.

2- وجود بنية عمل صحية خالية من الصراعات وتتميز بعلاقات موظفين جيدة مع وجود توصيف واضح للمواطنين يشمل جميع المهام والواجبات والمسؤوليات[2].

نظام الشركات السعودي:

مادة 1: الشركة عقد يلتزم بمقتضاه شخصان أو أكثر بأن يساهم كلا منهم في مشروع يستهدف الربح بتقديم حصة من مال أو عمل لاقتسام ما قد ينشأ عن هذا المشروع من ربح أو من خسارة.

مادة 2: تسري أحكام هذا النظام ومالا يتعارض معها من شروط الشركاء وقواعد العرف على الشركات الآتية:

أ) 1 – شركة التضامن، 2 – شركة التوصية البسيطة، 3 – شركة المحاصة، 4– شركة المساهمة 5-الشركة التوصية بالأسهم، 6 – الشركة ذات المسئولية المحدودة، 7 – الشركة ذات رأس المال القابل للتغيير، 8- الشركة التعاونية

ومع عدم المساس بالشركات المعروفة في الفقه الاسلامي تكون باطلة كل شركة لا تتخذ أحد الاشكال المذكورة ويكون الاشخاص الذين تعاقدوا باسمها مسؤولين شخصياً وبالتضامن عن الالتزامات الناشئة عن هذا التعاقد .

ب) ولا تسري أحكام هذا النظام على الشركات التي تؤسسها أو تشترك في تأسيسها الدولة أو غيرها من الاشخاص الاعتبارية العامة بشرط أن يصدر بترخيصها مرسوم ملكي يتضمن الاحكام التي تخضع لها الشركة .

---

[2] د. القحطاني، محمد بن دليم، ادارة الموارد البشرية: نحو منهج استراتيجي متكامل، مطابع الحسيني الحديثة، الهفوف: السعودية.

مادة 3: يجوز أن تكون حصة الشريك مبلغاً معينا من النقود (حصة نقدية) ويجوز أن تكون عيناً (حصة عينية) كما يجوز في غير الاحوال المستفادة من أحكام هذا النظام أن تكون عملاً ولكن لا يجوز أن تكون حصة الشريك ماله من سمعة أو نفوذ. وتكون الحصص النقدية والحصص العينية وحدها رأس مال الشركة ولا يجوز تعديل رأس المال إلا وفقاً لأحكام هذا النظام ومالا يتعارض معها من الشروط الواردة في عقد الشركة أو في نظامها

مادة 4: إذا كانت حصة الشريك حق ملكية أو حق منفعة أو أي حق آخر من الحقوق التي ترد على المال كان الشريك مسئولاً وفقاً لأحكام عقد البيع عن ضمان الحصة في حالة الهلاك أو لاستحقاق أو ظهور عيب أو نقص فيها.

مجلس إدارة الشركة[3]:

تتم إدارة الشركة لمعرفة مجالس إدارتها وعليه فإن تواجد مجلس إدارة فعال يوجه ويقود الشركة بأسلوب ناجح متسم بالشفافية والأمانة خاضع للمساءلة يؤدي بلا شك إلى ازدهار الشركة ونجاحها.

إن مسؤولية مجلس الإدارة يتمثل فيما يلي:

1- وضع الأهداف والاستراتيجيات ومتابعة تنفيذها.
2- الإشراف على الإدارة وتقييم أدائها.
3- تعيين المديرين واستبدالهم وتحديد مخصصاتهم.
4- مناقشة المصاريف الرأسمالية واعتمادها.

تشكيل مجلس الإدارة:

---

[3] عبد الصبور مصري، كتاب: التنظيم القانوني لحوكمة الشركات

معظم الدراسات اتفقت على أن الأسلوب الأمثل لتشكيل مجالس إدارات الشركات هو أن يكون بغالبية أعضاء مستقلين.

الموضوع الثاني: الهيكل التنظيمي

يشير الهيكل التنظيمي الى طريقة تقسيم وتجميع وتنسيق النشاطات في المنظمة بالنظر الى علاقات المدراء بالعاملين وعلاقة العاملين ببعضهم والعلاقة بين المدراء ببعضهم.

وهو بالضرورة مُوجه نحو تحقيق أهداف المؤسسة والتنظيم، كما يُمكن اعتبارها أيضاً بكونها منظار للأفراد اتجاه مؤسستهم والبيئة المحيطة، يمكن هيكلة منظمة او مؤسسة بطرق عديدة ومختلفة بحسب أهدافها.

فإن هيكلة التنظيم يحدد أسلوب عملها ونتائجه. لذلك يسمح بتحديد المسؤوليات للوظائف.

مفهوم الهيكل التنظيمي:

تتعدد التعريفات الخاصة بالهيكل التنظيمي وذكره علماء الادارة في أكثر من صيغة، وتتمحور اغلب التعريفات على انه شكل وأطار التسلسل الاداري للمؤسسة يوضح فيه مواقع الوظائف وارتباطاتها الإدارية والعلاقات بين الأفراد كما يوضح خطوطا لسلطة والمسؤولية داخل التنظيم، حيث يستطيع الناظر الى الهيكل التنظيمي لأي مؤسسة التعرف على الوحدات والاقسام داخل المؤسسة والمسؤوليات والسلطات فيها.

المدير الإداري
مدير الجودة و الإنتاج
مدير التسويق و المبيعات
المحاسبة
مشرف انتاج
أخصائي تسويق
مشرف خدمة العملاء
مشرف صيانة و تشغيل
عمال تعبئة و تشغيل
سائقين توزيع و مساعدين
عمال تشغيل و صيانة

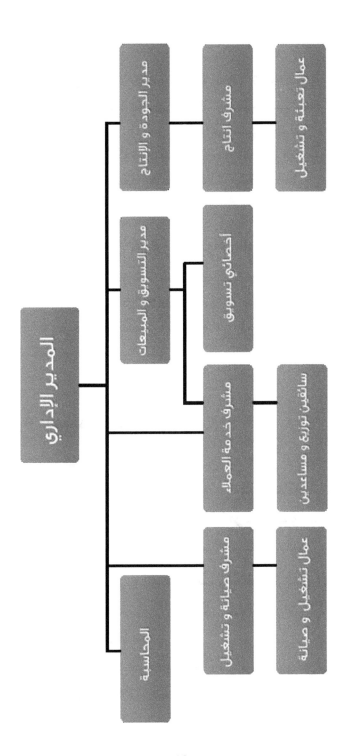

نظام مؤلف من شبكات المهام أو الوظائف تقوم بتنظيم العلاقات والاتصالات التي تربط أعمال الأفراد والمجموعات معاً. والهيكل التنظيمي الجيد يجب أن يتضمن عنصرين هامين يكونان مصدر قوة للمؤسسة، وهي تقسيم العمل بحسب الاختصاص، والتنسيق من أجل إنجاز المهام بفاعلية لتحقيق أهداف المنظمة بشكل أفضل.

العوامل التي يجب أن تتوفر في هياكل المؤسسات؟

حجمها إن كان صغيراً أو كبيرا- مدة حياتها، موقعها، حيث أن العمل يتأثر إذا كان هناك مركز واحد أو فروع- بدرجة التخصص فيها، فكلما كانت درجة التخصص المطلوبة في العمل محدودة كلما كان الهيكل التنظيمي بسيطاً وبالعكس.

أهمية الهيكل التنظيمي:

عرف بأن الهيكل التنظيمي بأنه توزيع الأفراد بطرق شتى بين الوظائف الاجتماعية التي تؤثر على علاقات الأدوار بين هؤلاء الأفراد. وقدم جون شيلد تعريفا أعمق حيث يرى انه يجب أن يشمل الهيكل الجوانب الرئيسية التالية:

1. توزيع الأعمال والمسئوليات والسلطات بين الأفراد.
2. تحديد العلاقات لمن يتبع كل شخص ومن التابعين له وعدد المستويات التنظيمية.
3. تجميع الأفراد في أقسام والأقسام في دوائر والدوائر في وحدات أكبر وهكذا.

4. تفويض السلطات وتصميم الإجراءات لمراقبة التقيد بذلك.
5. تصميم الأنظمة والوسائل لضمان تحقيق الاتصال الداخلي الفعال ومشاركة الأفراد في عملية صنع القرار.
6. توفير القواعد والوسائل اللازمة لتقييم أداء العاملين.

نموذج هيكل تنظيمي، الوزارة الداخلية للكويت.

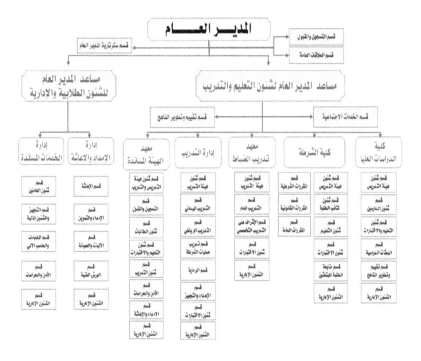

للنظم المؤسسية تأثيران على العمل التنظيمي:

أولا: لأنها توفر الأساس الذي يتحكم بإجراءات التشغيل القياسية والروتين.

ثانيا: فإنها تحدد أي من الأفراد يتحمل مسؤولية صنع القرار في كل إجراء. وبالتالي فإن وجهات نظرهم تحدد إجراءات المنظمة.

أنواع الهياكل التنظيمية:

1-الهيكل البسيط:

وفيها يقوم المالك بجميع المسؤوليات وتصلح للمنشئات الصغيرة.

2-الهيكل الوظيفي:

وهنا تقسم المهام كوظائف إدارية مثل: (الإنتاج، التسويق، المحاسبة).

3-هيكل المصفوفة:

يجمع بين نوعين من التنظيمات هما: الوظيفي، تنظيم المشروع. ويشغل الفرد جزء من كل إدارة وظيفية في الوقت نفسه، فيصبح لديه رئيسين مسؤولين.

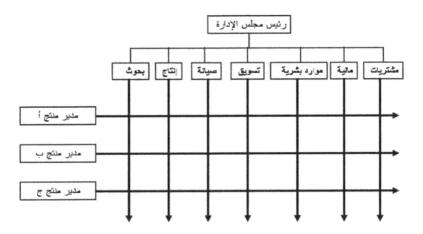

4-التنظيم البيروقراطي: يستخدم عندما تكون الوظائف أساسية وروتينية.

5-تنظيم فرق العمل: يمتاز بالمرونة والتجديد الذاتي والاستجابة السريعة لمتطلبات البيئة باعتماده على الاتصالات الافقية.

6-الهيكل الحلزوني:

يمتاز هذا الهيكل بالابتعاد عن سلطة الرجل الواحد ويسهل إنجاز الأعمال بسبب وضوح الأهداف من خلاله، ويشجع روح الفريق الواحد والتآزر بين أعضاء المنظمة.

الفرق بين الهيكل التنظيمي والهيكل الوظيفي:

الهيكل التنظيمي Organizational structure يحدد تقسيم الأعمال بين العاملين وقنوات التنسيق الرسمية وتسلسل القيادة. فالهيكل التنظيمي يُنظم العلاقات داخل المؤسسة ويحدد المسئوليات.

يوجد ثلاثة أنواع رئيسية للهياكل التنظيمية وهي:
- الهيكل الوظيفي Functional Structure.
- الهيكل القطاعي Divisional Structure
- الهيكل المصفوفي Matrix Structure

فالهيكل الوظيفي Functional Structure: والذي هو محور حديثنا هنا يتم فيه تجميع كل تخصص وظيفي في إدارة واحدة فيكون هناك إدارة مالية واحدة وإدارة هندسية واحدة وإدارة مخازن واحدة وإدارة صيانة واحدة.

ومن هنا نجد أن الهيكل التنظيمي في علم الإدارة هو: أحد العناصر الرئيسية لعملية التنظيم بينما الهيكل الوظيفي هو أحد أنواع الهيكل التنظيمي أو فرع عنه.

الموضوع الثالث: النمط الإداري السائد

تعريف النظام الإداري:
- هو مجموعة القواعد التي تحكم السلطة الإدارية في الدولة من حيث تنظيمها ونشاطها.

أشخاصه:
- اشخاص القانون العام - الأشخاص الاعتباريين وكذلك الأفراد العاديين.

يعتبر نجاح المنظمة في تحقيق أهدافها ورسالتها مرتبط بالكيفية التي يدير بها القائد، وبالنمط القيادي الذي يمارسه، وبالصفات القيادية الناجحة التي تتمثل في شخصيته وقدرته على توظيف إمكانياته نحو العمل البناء من أجل بناء علاقات إنسانية إيجابية بين العاملين، وتحسين أداء العمل لديهم وتحفيزهم على العطاء المستمر، من أجل تحقيق أهداف المنظمة وإنجاح رسالتها.

فسلوكيات القائد هي من تحدد النمط الذي يتبعه مع العاملين عن طريق مشاركتهم لتحقيق الأهداف ومشاركتهم باتخاذ القرارات والاهتمام بالجانب الإنساني.

طوَّر كلاً من روبرت بلاك وجين مؤتون ما يعرف بالشبكة الإدارية لإظهار الأنماط القيادية:

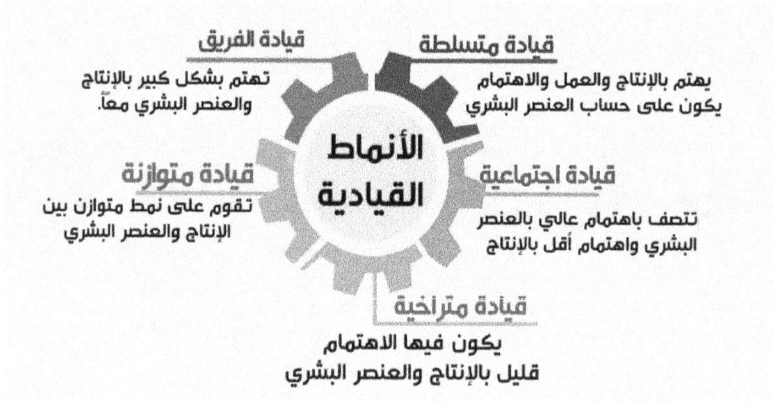

الأنماط القيادية

- **قيادة متسلطة**: يهتم بالإنتاج والعمل والاهتمام يكون على حساب العنصر البشري.
- **قيادة الفريق**: تهتم بشكل كبير بالإنتاج والعنصر البشري معاً.
- **قيادة اجتماعية**: تتصف باهتمام عالي بالعنصر البشري واهتمام أقل بالإنتاج.
- **قيادة متوازنة**: تقوم على نمط متوازن بين الإنتاج والعنصر البشري.
- **قيادة متراخية**: يكون فيها الاهتمام قليل بالإنتاج والعنصر البشري.

- **نمط الادارة العلمية:**

- يكثر في هذا النمط الأوامر الصادرة من الرئيس ويكون موقف المجموعة أميل الى السلبية..

- يهتم القائد هنا بصفة عامة أكثر من غيره بضمان طاعة الأفراد له.. وهو يضع نفسه في موقف المتحكم في كل أعمال المجموعة. فاذا انسحب القائد في مركز القيادة ادى ذلك الى انحلال الجماعة ويقلل من فرص الاتصال بين الأفراد ويهبط من مستوى الروح المعنوية فتكون الجماعة اقل قدرة على مواجهة هجوم الغير عليها وتحمل العناء والمسؤوليات..

إذا انسحب القائد في مركز القيادة أدّى ذلك إلى:

انحلال الجماعة
- يقلل من فرص الاتصال بين الأفراد
- يهبط من مستوى الروح المعنوية فتكون الجماعة أقل قدرة على مواجهة هجوم الغير عليها وتحمل العناء والمسؤوليات.

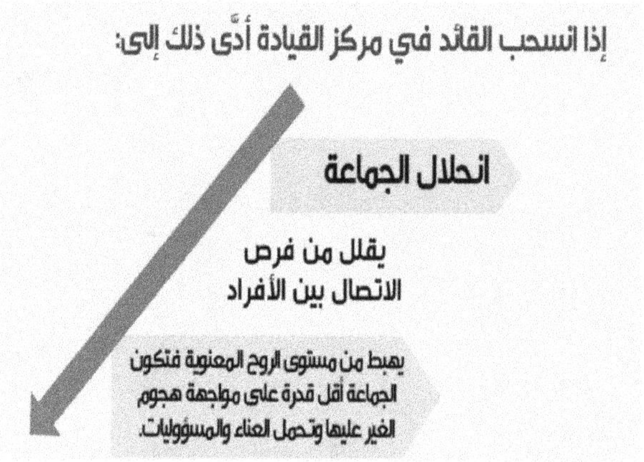

- **النمط الاداري الفعّال:**

*القدرة على جذب أكبر قدر من جهد الآخرين لتحقيق أهداف المنظمة.

* طبقا لمبدأ الفروق الفردية يعمل كل فرد على أساس استعداداته وقدراته المعينة.

*الايمان الكامل بأهمية العلاقات الانسانية الطيبة مع كل العاملين معه.

*القدرة على تحقيق مستوى عال سواء من حيث الانتاج أو علاقاته مع الغير.

مفهوم النمط الإداري للشركة:

هو السلوك الذي يؤثر في نشاط المؤسسة وتوجيه مجهوداتها نحو تقرير هدف والسعي والوصول اليه.

حيث يتميز سلوك الادارة الجماعية بقوة التماسك بين أفرادها في مناخ يسوده الاخاء والتفهم ويؤمن سير العمل في المؤسسة على أساس التعاون وتبادل المشورة بطريقة طبيعية تلقائية بعيدة عن التكلف.

ويتميز نمط القيادة الجماعية احيانا بالفاعلية وأحيانا بعدم الفاعلية وسوف يتم مناقشة هذه النقطة لاحقا.

أساليب القيادة

الأسلوب الدكتاتوري

يقوم هذا الأسلوب على استخدام القائد التهديد والوعيد والتأثير بالخوف لحمل العاملين على الالتزام والعمل بما يريد والامتناع عما لا يريد وعدم معارضة القرارات التي يتخذها.

الأسلوب التسلطي

هذا الأسلوب مثل الأسلوب الدكتاتوري من حيث أن القائد يتخذ جميع القرارات ولكنه يستخدم العقاب في حمل المرؤوسين على عمل ما يريد وما لا يريد. والقائد يكون سلبيًا إزاء مقترحات وأراء العاملين.

الأسلوب الديموقراطي

يشار لها عادة بالقيادة المتنورة وفي هذا الأسلوب فإن القيادة تعمل على أساس الثقة والنزاهة والانفتاح، كما أن القائد يعمل على أساس التشارك ويشجع اتخاذ القرارات على أساس جماعي.

إن القائد يعمل على أساس التشارك ويشجع اتخاذ القرارات على أساس جماعي. وأيضًا القائد يكون أكثر فاعلية من الأسلوبين السابقين لأنه يتيح المجال لاستخدام أفكار وخبرات المرؤوسين والتوصل إلى قرار جماعي.

الأسلوب المتساهل

هذا الأسلوب هو أسلوب النادي الاجتماعي والمنظمات التطوعية،حيث إن القائد لا يقود وإنما يترك الأفراد في الجماعة يعملون وفق ما يقررون ويرون أنه مناسب.

الموضوع الرابع: الملّاك

أولا: تعريف الشركة:

الشركة هي عقد يلتزم بمقتضاه شخصان أو أكثر بأن يساهم كل منهم في مشروع يستهدف الربح

(بتقديم حصة من مال أو عمل أو منهما معاً) لاقتسام ما ينشأ من هذا المشروع من ربح أو خسارة.

الملاك

هم أولئك الاشخاص من هم على أعلى قمة في أي شركة أو مؤسسة من يملكون حصة ملكية في الشركة أو في مشروع تجاري ويمكن أن يكون لأي شركة مالك واحد فقط.

نستطيع القول أيضا بأن حامل الأسهم هو من يملك جزءاً من أصول الشركة (سواء الأصول المادية كالمباني أو الأصول المعنوية كالعلامات التجارية) وجزء من الأرباح المتحققة من تلك الأصول.

وبالنسبة للأرباح يحصل كل مساهم على حسب نسبة مساهمته.

والحصول على الأرباح يكون بحسب سياسة الشركة، حيت انها إما أن:

تتبنى سياسة توزيع الأرباح.

3- أو سياسة تعبئة الاحتياطي، والذي تفضل الشركة من خلاله عدم توزيع الأرباح واستغلالها في تطوير وتحسين الشركة.

خصائص ملاك الشركة:

- **تشمل هذه الخصائص التفصيلية جميع الحقوق لملاك الشركة:**

أولا: لأن حملة الأسهم يمتلكون جزءاً من الشركة فإن لكل حامل أسهم حق التصويت لانتخاب مجلس الإدارة بمعدل صوت لكل سهم. (حق التصويت).

*مجلس الإدارة: هو مجموعة من الأشخاص ينتخبهم ملاك الشركة ليشرفوا على القرارات الحيوية التي تتخذها الشركة.

ثانياَ: يحق ايضا لملاك الشركة الدخول في الجمعية العمومية للمساهمين (والتي تعقد عادة مرة كل سنة).

ثالثا: لملاك الشركة الحق في استلام الارباح النقدية في حال قررت الشركة توزيع أرباح نقدية تدفع الأرباح النقدية عادة كل ثلاثة أشهر، وقد تلجأ بعض الشركات إلى توزيع أسهم ربحية بدلاً من الأرباح النقدية (حق الأرباح).

رابعاَ: ملاك الشركة لهم الحق في تحصيل حصتهم من الشركة عند تسييل الشركة أو تصفيتها بعد وفاء حقوق الدائنين وتصفية حقوق حاملي الأسهم الممتازة. (حق التصفية).

ما هو مجلس الإدارة؟

- هو مجموعة من الأشخاص ينتخبهم ملاك الشركة ليشرفوا على القرارات الحيوية التي تتخذها الشركة.
- تعريف آخر: هو هيئة مكونة من عدد من الأعضاء المنتخبين يتولون الإشراف بشكل مشترك على أنشطة منظمة أو شركة أو مؤسسة ما.
- ومن المسميات الأخرى المتعارف عليها لمجلس الإدارة تسمية مجلس المحافظين، ومجلس المديرين، مجلس الحكام، ومجلس الأمناء. وغالبا ما يشار إليه اختصارا باسم "المجلس".
- يحق لملاك الشركة الدخول في الجمعية العمومية للمساهمين.
- لملاك الشركة الحق في استلام الارباح في حال قررت الشركة توزيع الأرباح (حق الأرباح).
- بالإضافة لهم الحق في تحصيل حصتهم من الشركة عند تصفيتها بعد وفاء حقوق الدائنين وتصفية حقوق حاملي الأسهم الممتازة (حق التصفية)

أهم المهارات المتطلبة لملاك الشركة:

أولاً: مهارات القيادة وتفويض السلطة:

القيادة: هي عملية التأثير على سلوك الآخرين، وهي ظاهرة طبيعية، فلا بد من وجود قائد لأي مجموعة، ونجاح الشركات من نجاح قياداتها.

- وللقائد الناجح خصائص تتمثل في:
1. الثقة في النفس وفي الآخرين .

2. لديه رؤية مستقبلية، ونظر ثاقب .
3. قادر على إقناع الآخرين.

وبالنسبة للقيادة والإدارة فيمكننا اعتبارهما وجهان لعملة واحدة، كما أوضح ذلك د. محمد القحطاني من خلال تغريده له على تويتر: (القيادة تعني التأثير في الآخرين.. والإدارة تعني إنجاز الأعمال من خلال الآخرين.. فالتأثير والإنجاز وجهان لعملة واحدة..)

ثانياَ: مهارات اتخاذ القرار:

القرار: هو عملية الاختيار من بين البدائل لحل مشكلة معينة، ولهذه العملية خصائص محددة وهي :

تعدد أنواع المشاكل .
تعدد البدائل .
الظروف المحيطة باتخاذ القرار.

هناك أنواع مختلفة في الشركات عن ملاك الشركة. من بعض هذه الأمثلة:

1- شركة التوصية البسيطة:

هي نوع من أنواع شركات الأشخاص وتعرف بأنها تلك الشركات التي تتكون من طائفتين من الشركاء هما:

الشركاء المتضامنون: المسؤولون بالتضامن عن جميع التزامات الشركة ولهم دون غيرهم حق إدارة الشركة.

ب- الشركاء الموصون: وهم الذين يساهمون بمال في رأس مال الشركة وتكون مسئوليتهم محدودة بما قدموه من مال فقط كلا بنسبة حصته في رأس المال.

◄ **ميزاتها:**

1- عنوان الشركة يتركب من اسم شريك أو أكثر من الشركاء المتضامنين دون الشركاء الموصين.

2- عدم اكتساب الشريك الموصي فيها صفة التاجر.

3- الشريك الموصي مسؤول عن ديون الشركة بمقدار حصته في رأس المال.

2- شركة التضامن:

هي شركة تتألف من عدد من الأشخاص الطبيعيين لا يقل عددهم عن اثنين ولا يزيد على عشرين.

من خصائصها:

1- الشركة لها ذمة مالية منفصلة عن الشركاء.

2- تمتعها بالشخصية القانونية المستقلة.

3- المسئولية التضامنية:

وهي بأن كل شريك مسؤول في كل أمواله الخاصة عن ديون الشركة

1- شركة المحاصة:

هي الشركات المستترة غير الظاهرة والتي تنشأ بغير عقد مكتوب ويتميز هذا النوع من الشركات بالآتي:

1- يقوم بأعمال الشركة شخص واحد أو أكثر من الشركاء باسمه شخصياً وليس باسم الشركاء ولا يشترط أن يكون الشريك القائم

بالإدارة تاجراً وقد يعهد بإدارة الشركة إلى أحد الشركاء أو يتفقوا على الإدارة الجماعية للشركة وعندما يقوم أحد الشركاء بالتعامل مع الغير بصفته الشخصية لحساب الشركة فإنه يتحمل مسئولية ارتباطه مع الغير بصفته الشخصية أيضا.

2- يتم اقتسام الأرباح والخسائر بمجرد انتهاء العمل أو الصفقة الذي قامت من أجله الشركة بالطريقة المتفق عليها بين الشركاء.

3- تعدد الشركاء حيث يتم الاستفادة من خبراتهم ومضاعفة جهدهم.

2- شركة الشخص الواحد:

نتيجة لسرعة نمو القطاعين التجاري والاقتصادي، ووجود ضرورة ملحة لمواكبة هذا النمو ومتطلباته المتسارعة دخل خلال السنوات الماضية نوع آخر من الشركات يختلف عن التصنيف التقليدي للشركات التجارية، وهو ما بات يُعرف بشركة الشخص الواحد.

ذلك فإن شركة الشخص الواحد لا يتوفر فيها هذا الركن الأساسي مطلقاً، توفير شخصين او أكثر، ناهيك عن عدم توافر ركن نية المشاركة.

يبدو أن المشرع في نظام الشركات السعودي يتجه إلى تبني وإقرار هذا النوع من الشركات، نظراً لأهميته والحاجة إليه، لذا كان من الضروري معرفة ما يميز هذا النوع من الشركات، والمشكلات أو العيوب التي قد تواجهها أو تنتج عنها.

بعض الدول التي طبقة النظام: البحرين والأردن والفرنسي والبريطاني.

أنواع الشركات:

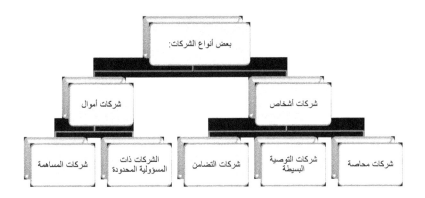

الاسباب التي تقتضي إقرار شركة الشخص الواحد كثيرة:

منها القضاء على الشركات الوهمية التي تكون في ظاهرها شركة، ولكن في حقيقتها أعمالاً ومقاولة فردية، إذ يقوم الشريك الأساسي بالاستحواذ على الشركة وتسيير أعمالها، ويكون هو المتصرف الأول فيها، أما باقي الشركاء فعبارة عن شركاء وهميين أو صوريين فقط لاستيفاء الشكل القانوني المطلوب لتأسيس الشركة.

الشريك الواحد إدارة الشركة بشكل مستقل وإصدار قرارات الشركة بسهولة ومرونة من دون الحاجة للتقيد بالإجراءات المطلوبة لإصدار القرارات في الشركات الأخرى.

مميزات شركة الشخص الواحد:

أيضاً ما يميز شركة الشخص الواحد هو أنه من المعروف أن المستثمر أو المقاول الفرد يكون مسؤولاً عن ديون مقاولته أو مشروعه مسؤولية كاملة، ويتحمل مخاطر فشل مشروعه، وما يترتب عليه من خسائر مالية خلال اقتطاع جزء أو مبلغ معين من أمواله

ليخصصه لهذه الشركة والوفاء بديونها من دون أن تمتد المسؤولية لباقي ذمته المالية

لواحد إمكان تقليص دور المؤسسات الفردية، إذ إنه سيكون من الأفضل لمقاول الفرد اللجوء إلى هذا النوع من الشركات

لذا من الضروري معرفة ما إذا كان النظام سيجيز للشخص الطبيعي تأسيس شركة الشخص الواحد أم لا؟

من العيوب:

عقد يلتزم بموجبه شخصان أو أكثر بأن يسهم كل منهما في مشروع يستهدف الربح بتقديم حصة من مال أو عمل لاقتسام ما قد ينشأ عن المشروع من ربحية أو خسارة»، كما جاء في نص المادة الأولى من نظام الشركات السعودي الحالي.

المشكلات التي قد تنتج من شركة الشخص الواحد:

خطر الخلط بين الذمة المالية لصاحب الشركة وبين الذمة المالية للشركة نفسها من حيث الأموال، وذلك نظراً لصعوبة الفصل بين أموال الشريك الواحد الخاصة وبين أمواله التي خصصها للشركة أو للمشروع.

إضافة إلى أن إمكان حصول شركة الشخص الواحد على قروض تمويل من البنوك أو الصناديق الاستثمارية قد تكون أكثر صعوبة من الشركات الأخرى، كما أنه في شركة الشخص الواحد يكون المالك أو من يعينه هو المخول الوحيد بإدارة الشركة.

الموضوع الخامس: نشاط الشركة

انشطة الشركة أو النشاط الاقتصادي يحدد المجالات التي تعمل فيها شركة ما. تختلف هذه الانشطة باختلاف توجهات الشركات الاقتصادية ووضعها القانوني والمالي. [15]

لكل شركة نشاط معين يعكس توجه الشركة ورؤيتها واهدافها.

- **امثلة عن انشطة الشركات:**

تأمين - بنوك - نقل - اتصالات - صناعات غذائية - سياحه - سيارات

أنواع أنشطة الشركات

1. **نشاط تجاري:** هو النشاط الاقتصادي الذي يتجلى في صورة تبادل للسلع والخدمات في المجتمع باستخدام أساليب مختلفة وتكون بين الأفراد إلى أن تصل إلى الدول. وينقسم الى قسمين (فردي مؤسساتي)
2. **نشاط خدمي:** كل ما ليس بمنتج فهو خدمة، وقد عرفتها الجمعية الامريكية على انها منافع غير ملموسة تعرض للبيع دون ارتباطها بالسلع.
3. **نشاط صناعي:** وهي نشاط إنتاجي يستخدم فيه الإنسان بعضاً من عناصر الإنتاج، مستهدفاً إنتاج مواد جديدة، أو لجعل مواد أولية موجودة أكثر نفعاً أو قيمة للإنسان.
4. **انواع النشاط الصناعي:**

أ- الصناعات الأساسية: كصناعة الحديد والصلب، وصناعة المعادن غير الحديدية.

ب- الصناعات التجهيزية: كالصناعة الميكانيكية الثقيلة ووسائل التجهيز الكهربائية واستخراج المعادن.
ت- الصناعات الاستهلاكية: كصناعة النسيج والأحذية والمواد الغذائية.

أهمية نشاط الشركة:

- انها نظام نفعي يسعى اساسا الى تحقيق مصلحة الشركاء الشخصية
- انها تدفع إلى تنشيط الحياة التجارية والاقتصادية
- انها تسعى الى تحقيق اهداف اجتماعية او سياسية
- انها تهدف أساسا إلى تحقيق أكبر قدر ممكن من الأرباح المادية. 16

الأمور التي تؤثر في نشاط الشركة واعمالها:

- تطوير بيئة العمل
- تكوين بيئة عمل مألوفة ومعمّرة ومريحة.
- استخدام التكنلوجيا المتاحة
- تلبية رغبات الزبائن من خلال تطوير المنتجات والخدمات

الشركات دولية النشاط:

السمات الرئيسية للشركات دولية النشاط

1. كبر الحجم: كبر حجم الشركات دولية النشاط يساعدها على تقوية مركزها التفاوضي في مواجهة البلدان النامية، وذلك لتوجيه استثماراتها بما يتفق ومصالحها.

2. التفوق التكنولوجي: أن امتلاك هذه الشركات لأحدث التكنولوجيا واحتكارها في نفس الوقت، يُعرّض الدول النامية بصفة خاصة لاستغلال هذه الشركات، ويُضعف من قدرتها التساومية في المجال التكنولوجي.

3. التشتت الجغرافي: تعتبر هذه خاصية اساسه من خصائص هذه الشركات وكونها تساعد على رسم استراتيجيتها على المستوى العالمي، ومن ثم تحديد الكميات والنوعيات المنتجة عالميا.

الموضوع السادس: الأداء الوظيفي

ما هو الأداء؟

تأدية عمل أو إنجاز نشاط أو تنفيذ مهمة بمعنى القيام بفعل يساعد على الوصول إلى الأهداف المحددة.

فالأداء يتجسد في القيام بالأعمال والأنشطة والمهام بما يحقق الوصول إلى الأهداف المرسومة.

- **مكونات الأداء**

يتكون الاداء من مكونين اساسيين:

1- الكفاءة

2- الفاعلية

المؤسسة التي تتميز بالأداء هي تلك التي تجمع بين الفعالية والكفاءة.

- **مفهوم الكفاءة:**

القدرة على القيام بالعمل المطلوب بأقل الإمكانيات، والنشاط الكفء هو الاقل تكلفة.

فالكفاءة تساعد على الاستغلال الأمثل للموارد.

- **مفهوم الفعالية:**

ترتبط الفعالية بالقدرة على تحقيق الأهداف فلها علاقة بالفرق بين النتائج المتوقعة والنتائج المحققة، كل ما كان الفرق بين النتائج المخططة والنتائج المحققة صغيرا كان الأداء أكثر فعالية.

تعريف الأداء الوظيفي:

يعرف الأداء على أنه الجهد المبذول الذي يقوم به الموظف لإنجاز مهمة ما حسب قدرته واستطاعته ويشير مفهوم الأداء الوظيفي الى النتائج والأهداف التي تسعى المؤسسة الى تحقيقها خلال فترة محددة.

واذا اردنا تبسيط مفهوم الاداء الوظيفي:

المخرجات والأهداف التي تسعى المنظمة إلى تحقيقها عن طريق العاملين فيها.

العوامل المؤثرة في الأداء الوظيفي:

1- المناخ التنظيمي.
2- الروح المعنوية لدى الموظف.
3- المقدرة على أداء العمل من خلال فهم الدور.

ولذلك نجد ان الكثير من الشركات قد اهتمت ب العوامل المحيطة التي تؤثر على ادا الموظف وتوفير المناخ المناسب ورفع معنوياتهم من خلال التكريم وتهيئة مناخ مناسب للعمل.

حتى يتحقق الأداء الفاعل من قبل الموظف داخل المؤسسة لابد من الالتزام بالمبادئ التالية[19]:

1- التدريب
2- تحديد أهداف المؤسسة
3- الاستقرار الوظيفي
4- تحسين مناخ العمل المادي
5- تحقيق التعاون.

الحلول المقترحة لرفع مستوى الأداء الوظيفي للموظفين داخل المنظمات:

1- تزويد المؤسسات بالأجهزة والمعدات الحديثة.

2- توزيع السلطة وتعزيز المشاركة.

3- الحوافز المادية والمعنوية على الأداء المتميز.

4- التدريب بعد التعيين لتنمية المهارات من أجل مواكبة التطورات المستجدة في مجال العمل.

ويجب اعطاء الموظفين الثقة في اخذ بعض القرارات لتعزيز ورفع مستوى الاداء الوظيفي وتكريم الموظفين المتميزين ولكي يكون هناك تنافس في شريف في انجاز المهام بين الموظفين.

أهداف إدارة الأداء الوظيفي:

1-الأهداف الاستراتيجية :هدفها هو تحقيق الربط بين أنشطة العاملين والأهداف التنظيمية.

2-الأهداف الادارية :هو اتخاذ العديد من القرارات الإدارية وأبرزها إدارة الرواتب والترقيات والتسريح المؤقت وغيرها.

3-الأهداف التنموية :هدفها هو تنمية العاملين وتطوير أساليب آداهم للعمل.

وتلخيص للأهداف هو القياس للتأكد من أن الأداء الفعلي للعمل يوافق معايير الأداء المحددة ويعتبر التقييم متطلب حتمي لكي تحقق المنظمة أهدافها بناءً على المعايير

عناصر أدارة الأداء الوظيفي

1- **تخطيط الأداء:** يقصد به الوصول الى الأهداف بطرق منظمة ومرسومة حسب الإمكانات والطاقات المتاحة

2- **تنظيم الأداء:** ويقصد به تنظيم العمل بحيث يتم تحديد المساحة لكل موظف مسموح له الحركة بها بحيث يكون مكملة لعمل موظف آخر لا متعارض مع الآخرين

3- **توجيه الأداء:** يهدف الى متابعة نتائج الأداء من خلال التغذية الراجعة

4- **تقييم الأداء:** ترى هل الخطط التي وضعت تحققت أو لا؟

الموضوع السابع: علاقة الموظفين مع بعضهم

العلاقات بين الزملاء تشكل مصدرا مهما - إن لم يكن الأهم - للدعم النفسي والاجتماعي للموظف، فغالبا ما يتلقى الموظف الدعم والتأييد والتخفيف من ضغط العمل من قبل زملائه. السبب الرئيسي في هذا الأمر أن الموظفين عادة يدركون أن زملاءهم يعيشون في نفس الظروف مما يجعلهم أكثر قدرة على تفهم مشاعرهم وهمومهم في العمل ويشكل الزملاء مصدرا مهما للمعلومات التنظيمية المهمة للموظفين. فالموظفون يعتمدون على زملائهم في الحصول على المعلومات المتعلقة بالعمل والتي لا يمكن لهم الحصول عليها بطرق رسمية كما إن الزملاء يتعلمون من بعضهم البعض ويمكن أن ينبهوا زملاءهم إلى الأخطاء التي وقعوا بها أو من المحتمل أن يقعوا بها.

وهناك فوائد عديدة لعلاقات العمل تعود بالفائدة على كل من الموظف والمنظمة على حد سواء. فالموظف يشعر براحة أكبر إذا كانت علاقاته مع زملائه ايجابية. كلما كانت العلاقة أقوى كان الدعم النفسي والاجتماعي الذي يتلقاه الموظف أعلى. كما إنها تحقق نوع من الراحة النفسية والعقلية والرضا الوظيفي والاطمئنان للموظف. بينما الموظفين الذين تسودهم علاقات سيئة نجد أنهم اقل تكيف ولديهم شعور بالضغط والضيق والإرهاق النفسي والجسدي. أما بالنسبة للفوائد العائدة للمنظمة إذا كانت العلاقات بين الزملاء بمستوى جيد فإنها تعود إيجابا على المنظمة من خلال ارتفاع معدلات الأداء المتقن والالتزام العالي بالعمل.

س/لماذا علاقة الموظفين مهمة:

علاقة الموظفين هامه جدا بل وتنعكس على الآتي:

1- الانتاجية: كلما كانت علاقة الموظفين إيجابيه كلما انعكس ذلك على الجو العام للعمل وتحفيز الموظفين وزيادة إنتاجيتهم.

2- ولاء الموظفين: عندما تكون بيئة العمل منتجة ومرضية كلما زاد ولاء الموظفين لمنظمتهم وزاد عطائهم.

3- انخفاض الصراعات: عندما تكون بيئة العمل صديقة وتعمل بروح الفريق والتآزر في ما بينهم كلما انخفضت منها الصراعات الداخلية بين الموظفين.

نظرية العلاقات الإنسانية:

لقد بينت تجارب Hawthorn التي أجراها Elton mayo وزملاؤه بأن نقص الإنتاج يعود الى عدم الاهتمام بحل مشاكل العاملين بالمؤسسة، وبينت أيضاً أن الحافز المادي لا يمثل القوة الوحيدة التي يستجيب إليها المرؤوس وإنما تتأثر إنتاجيته بعلاقته مع زملائه في العمل.

س/كيف تبني علاقة مثالية بين الموظفين وخلق بيئة عمل جيدة:

بطبيعة الانسان يحب التواصل والتعارف ومن هنا يجب على المنظمة مراعات العوامل التالية من اجل بناء علاقات مثمرة بين الموظفين:

1- سياسة الباب المفتوح

2- على المدير ان يكون حاضر بين الموظفين من خلال التواصل الذكي

3- إعطاء اوقات ثمينة للموظفين

4- العدالة بكل ما تعنيه الكلمة من معنى

5- وضع اهداف قابلة للانجاز
6- اشتراك الموظفين في اتخاذ القرار
7- استخدام القوانين التي يستخدمها الموظفين
8- خلق الثقة بين الموظفين.

تأثير علاقة الموظفين بالبيئة الداخلية:

تتأثر المنظمة بمدى قوة وترابط وتعاون العاملين بها، البعض يقول بأن كلما قلت مشاكل العاملين مع بعضهم كان أفضل للمنظمة قد يكون هذا الكلام صحيح، ولكن لا ننسى بأن المشاكل بين الموظفين وبالخصوص على الترقيات وزيادة الرواتب تولد المنافسة لدى الشخص ورغبة بالفوز بالترقية أويا كانت حاجته مما يساعده على أداء عمله بشكل أفضل واقوى ومحالة إبراز نفسه، وكذلك زميله الأخر وهذا كله يصب من مصلحة الشركة (التنافس الداخلي).

دور علاقة الموظفين في المنظمة:

زيادة انتاجية المنظمة: وذألك عن طريق العمل الفعال والمشاركة الجماعية.

تحقيق اهداف المنظمة: ويأتي ذألك عند وضوح الاهداف ومعرفة الموظفين بأدوارهم.

زيادة ثقة الموظفين بالإدارة العليا: وذألك يأتي من خلال طبيعة المدراء ومدى التعاون بينهم وبين الموظفين.

القسم الاداري المسئول عن علاقات الموظفين:

تعتبر ادارة الموارد البشرية المصدر الاساسي في تقوية العلاقة بين الموظفين ببعضهم وحل النزاعات ووضع الحلول لموظفي المنظمة.

ماذا يجب على ادارة المنظمة لتقوية علاقة الموظفين؟

- جعل علاقة الموظفين علاقة صداقه أكثر من كونها علاقة زملاء عمل.
- ان تدعوهم الى الخوض في النقاشات فيما بعضهم وعمل لقاءت.
- توضيح اهداف المنظمة وعمل كل الافراد فيها.

تؤدي العلاقة الناجحة بين الموظفين في المنظمة:

- الرضا الوظيفي.
- رفع مستوى الكفاءة.
- التقليل من الاخطاء الادارية.
- تشعر الفرد بمكانته وكيانه.
- التنافس الايجابي بين الموظفين.

اسباب تؤدي الى فشل علاقة الموظفين:

- عدم وضوح الاهداف.
- سوء الادارة.
- عدم تهيئة المناخ المناسب.
- عدم كفاءة بعض العاملين.

الموضوع الثامن: الاتصالات

الاتصال ظاهرة اجتماعية ترتبط بطبيعة الإنسان، فهو كائن اجتماعي لا يستطيع الحياة بمعزل عن الآخرين، فمن الحاجة إلى تبادل المنافع، إلى الحاجة للمشاركة الفعالة، فنحن بحاجة إلى الغير كما أن الغير بحاجة إلينا ولن يتم كل هذا إلا من خلال الاتصال .

ومما لا شك فيه أن الاتصالات هي من الدعائم الأساسية للإدارة وأقوى أسسها، وهي في نفس الوقت واحدة من القضايا الإدارية والتنظيمية التي تكثر فيها المشكلات، ويرجع ذلك إلى كون وظيفة الاتصالات لا تقتصر على إصدار الأوامر وإعطاء التوجيهات للحصول على الهدف فحسب، ولكنها تمتد لتؤثر في دوافع العاملين ومستويات طموحهم، وتشكل علاقاتهم بعضهم ببعض، وتكون وجهات نظرهم واتجاهاتهم نحو أنفسهم ونحو الإدارة وان التواصل الجيد مع الموظفين أمر أساسي لنجاح الأعمال، حيث من المتعارف عليه بأن الموظفين الذين لا يعرفون ما هو متوقع منهم نادراً ما يؤدون أعمالهم على الوجه المطلوب.

تعريف الاتصال:

ارسال وتحويل للمعلومات من المرسل الى المستقبل مع ضرورة فهم المعلومات من قبل المستقبل.

هو أي أسلوب يؤدي إلى تبادل المعلومات بين شخصين أو أكثر، وذلك عن طريق التفاهم بين المرسل والمرسل إليه، وهذه المعلومات قد تكون بيانات أو أفكار أو أشياء أخرى.

هو عملية نقل المعلومات والتفاهم من شخص إلى أخر.

أهمية الاتصالات

1- تقوم بتسهيل عملية الربط بين المؤسسات وفروعها بما يضمن للمنظمة قدرتها على أن تؤدي وظائفها بصورة فعالة.

2- عملية الاتصال متطابقة مع عملية اتخاذ القرارات وبصورة لا يمكن فصلهما عن بعضهما.

3- تظهر أهمية الاتصال من خلال الترابط بين المنظمة الإدارية ومحيطها الخارجي (البيئة الخارجية) لأن المنظمة لا تستطيع أن تعمل بمعزل عن البيئة المحيطة بها.

انواع الاتصالات:

1) الاتصالات الداخلية: هي التي تجري داخل بيئة العمل الداخلية.

2) الاتصالات الخارجية: هي التي تتم مع الجهات خارج بيئة العمل الداخلية.

انواع الاتصالات الداخلية:

ويقصد بها الاتصالات الإدارية، والتي تتم داخل المنظمة وهي تنطوي على إنتاج أو توفير وجمع البيانات والمعلومات اللازمة لسير العملية الإدارية وتبادلها.

والاتصالات الداخلية يمكن أن تصنفها إلى عدة أصناف وفقاً للمعايير التي تستخدم في التصنيف، على سبيل المثال:

- رسمية وغير رسمية (من حيث الشكل)
- أفقية وعمودية (من حيث الاتجاه)
- فردية وجماعية (من حيث المصدر)

1) **الاتصال الرسمي:**

يتم من خلال السلطة الرسمية وقنواتها واضحة ويعرفها جميع اعضاء التنظيم ويقوم بالاتصال الشخصي المختص وحسب تسلسل المراجع. وللاتصال الرسمي أربع اتجاهات هي:

1. الاتجاهات الهابطة.
2. الاتجاهات الصاعدة.
3. الاتجاهات الافقية.
4. الاتجاهات القطرية.

2) **الاتصال غير الرسمي:**

ويتم من خلال التنظيمات غير الرسمية ويتخذ شكلا علنيا او سريا وفق الاحوال ويتطور هذا النوع من الاتصال عندما يحدث قصورا في توصيل المعلومات بالاتصال الرسمي وشبكة هذا الاتصال واسعة وليس لها حدود معينة.

o **سلبيات الاتصال الغير رسمي:**

(1) التأثير السلبي على الإنتاجية والأداء لانصراف العديد من أفراد الجماعة غير الرسمي عن ما هو في صالح منظمة العمل.
(2) سيادة جو من الفوضى بين العاملين بطريقة لا يعرف فيها الموظفين أيهما اصح هل الشكل الرسمي للاتصال أم غير الرسمي لها.
(3) زيادة قدرة تأثير الاتصالات الغير رسمية على أحداث التغييرات لخدمة مصلحة الأعضاء الموظفين مما قد يتعارض مع مصلحة العمل.

3) الاتصالات الأفقية:

هي الاتصالات التي تتم بين الإفراد في المستوى التنظيمي الواحد سواء أكانوا موظفين أو مديرين

ويهدف إلى التوصل إلى أعلى درجات التنسيق ومعالجة الصراعات التنظيمية وتبادل المعلومات والخبرات وتنمية روح الفريق والتعاون والبناء.

4) الاتصالات العمودية:

وتعرف بالرأسية وهي التي تأخذ اتجاهاً تنازلياً أو تصاعدياً والتنازلي تمكن من نقل المعلومات والتوجيهات الخاصة بالعمل من المديرين إلى المرؤوسين، أما التصاعدية فهي إلى أعلى تمكن من نقل المعلومات المتصلة بالأداء والاقتراحات والشكاوي والتقارير إلى المديرين.

5) الاتصالات الفردية:

هي التي تتم بين شخصين اثنين حيث يقوم احد الأطراف بتحويل أو نقل أفكار أو معلومات معينة عن طريق وسيلة اتصال محددة للطرف الأخر مثل الاتصال بين الرئيس والمرؤوس، أو بين موظف وزميله.

6) الاتصالات الجماعية:

وهي التي تتم بين الجماعات حيث يكون المرسل أو المستقبل أو الاثنين معا عبارة عن مجموعة من الأفراد مثل جماعات وفرق العمل.

أساليب الاتصال:

للاتصال ثلاثة اساليب:

1-اسلوب الاتصال الكتابي: ويتم هذا الاتصال عن طريق المادة المكتوبة التي تصدر من القائد الى الاتباع.

2-اسلوب الاتصال الشفوي: ويتم الاتصال بين القائد والمجموعة او الفرد والتابع بصورة شفهية وعن طريق الكلمة المنطوقة.

3-اسلوب الاتصال التصويري: هذا النوع من الاتصال يتم عن طريق الصور او الرسوم لإيصال مضمون الاتصال، ويمكن تنفيذها عن طريق السينما او التلفزيون او المجلات او الاعلانات.

مقومات الاتصال:

1-معرفة تامة بالمعلومات والبيانات والتوجيهات المراد ايصالها.

2-الثقة في مصدر الرسالة وان تكون الرسالة مكتوبة وواضحة وذات معلومات محددة وان تقتصر على موضوع واحد فقط.

3-اختيار الوقت الملائم لتوجيه الرسالة وان تتضمن الصراحة والصدق.

4-التأكد من المعاني والمفاهيم الواردة في الرسالة وبأسلوب التخاطب بحيث تجذب الانتباه الكامل للشخص الموجهة اليه الرسالة.

5-استعمال وسائل الايضاح البصرية مثل الرسوم او النماذج لتوضيح وجهات نظر مصدر الرسالة.

6-يجب التأكد على رد الفعل من جانب مستقبل الرسالة.

معوقات الاتصال:

أولا: معوقات الاتصال الشخصي:

1- تجاهل المعلومات التي تتعارض مع ما نعرف.
2- تقييم المصدر.

3- اختلاف الادراك.
4- فهم الاشخاص للكلمات بمعاني مختلفة.
5- اختلاف في فهم الاتصال غير اللفظي.
6- الضوضاء وعدم وضوح الصوت.

ثانياً: معوقات الاتصال التنظيمي:

1- مستويات الادارة: ان كثرة المستويات الادارية في الهيكل التنظيمي تسبب الكثير من المشاكل بسبب نزول وصعود المعلومات.
2- عدد الافراد: ان زيادة عدد الافراد مع قلة الوقت في الاتصال يؤدي الى عدم الفهم.
3- تغيير المديرين: ان كثرة تغيير المديرين يسبب العديد من المشاكل بسبب اختلاف اسلوب كل منهم في طريقة الاتصال.
5- تفسيرات المدير: ان مستويات فهم الامور وسعة الادراك يختلف من مدير الى اخر وهذا يعقد الاسلوب الاداري.
6- المركز الاداري: اعتماد وسائل الاتصال على مركز وربة المرسل في المنظمة.

ثالثا: المعوقات البيئية والثقافية

1) مشكلات الألفاظ واختلاف مدلولاتها.
2) عدم ملائمة المكان.
3) عدم وجود نشاط اجتماعي للعاملين.

فالاتصال الفعال يجعل هناك حلقة اتصال مستمرة بين الموظفين، حيث يجب أن يشعروا بمعرفتهم لما يحدث في محيط عملهم وأن يكونوا دائماً في الإطار الأكبر بأن يتم إعلامهم بكل أو معظم ما يجري في إداراتهم، حيث من شأن ذلك تحسيسهم بأهمية مشاركتهم

الموضوع التاسع: التدريب

أكثر ما يثير الاستغراب في عصرنا الحالي أن يأتي البعض ويبدي عدم اهتمامه بالتدريب والتطوير البشري مبررا ذلك بأن التعلم يأتي مع مرور الوقت واكتساب الخبرات. فالتدريب يؤثر على بيئة العمل الداخلية من خلال علاج الكثير من نقاط الضعف وتعزيز نقاط القوة لدى العاملين لتحسين أداء عملهم وتجاوز التجربة والخطأ.

إذاً التدريب جهد يهدف لاكتساب العاملين المهارات المرتبطة بالعمل للوصول لأداء أكثر فعالية، كما يهدف لزيادة كفاءة الأفراد وقدراتهم ومهارتهم، وهو الوسيلة التي تمكن الموظف من ممارسة عمله بذاته واستغلال قدراته ومهاراته في انجاز المهام المطلوبة.

مفهوم التدريب:

"التطوير المنتظم للمعارف والمهارات والأفكار والاتجاهات اللازم توافرها لدى العاملين لأداء مهام عملهم بالصورة المطلوبة".

- التدريب هو جهد تنظيمي مخطط يهدف لتسهيل اكتساب العاملين المهارات المرتبطة بالعمل والحصول على المعارف التي تساعد على تحسين الأداء وأهداف المنظمة.
- تعريف آخر فالتدريب " هو تجهيز الفرد للعمل المثمر والاحتفاظ به على مستوى الخدمة المطلوبة، فهو نوع من التوجيه صادر من إنسان وموجه إلى إنسان آخر".

أهداف التدريب:

1-إكساب الأفراد معلومات ومعارف وظيفية متخصصة تتعلق بأعمالهم وأساليب الأداء الأمثل فيها.

2-صقل المهارات والقدرات التي يتمتع بها الافراد.

3- تعديل السلوك وتطوير أساليب الأداء التي تصدر عن الأفراد فعلا.

4- رفع الكفاءة والفعالية للمنشأة.

5- تحقيق أهداف المجتمع.

- اكتساب الأفراد المعارف المهنية والوظيفية وصقل المهارات والقدرات لإنجاز العمل على أكمل وجه.

- تطوير أساليب الأداء لضمان أداء العمل بفعالية.

- رفع الكفاءة الإنتاجية للفرد.

- تخفيف العبء على المشرفين والرؤساء.

- المساهمة في معالجة أسباب الانقطاع عن العمل.

- الحد من الأخطاء والفاقد والاستفادة من القوى

أهمية التدريب:

1- التطورات العلمية المتواصلة والاكتشافات والمستحدثات في طرائق الإنتاج.

2- التطورات الإنتاجية والثورة التكنولوجية في الآلات والمعدات.

3- التطور الهائل في تركيب القوى العاملة يجعل العملية التدريبية لازمة لمصاحبة التغييرات في هيكل القوى العاملة على المستوى القومي وعلى مستوى المنشأة.

4- التغيير والاختلاف في دوافع الافراد واتجاهاتهم.

أنواع التدريب:

يمكن تقسيم أنواع التدريب حسب:	
مرحلة التوظيف	نوع الوظائف
1-توجيه الموظف الجديد	1-التدريب المهني الفني
2-التدريب أثناء العمل	2-التدريب التخصصي
3-التدريب لتجديد المعرفة	3-التدريب الإداري
4-التدريب بغرض الترقية	
5-التدريب للتهيئة للتقاعد	

أولا: حسب مرحلة التوظيف:

1- توجيه الموظف الجديد:

تهدف هذه المرحلة إلى الترحيب بالموظفين الجدد وخلق اتجاهات نفسية طيبة عن المشروع وتدريبهم على كيفية أداء عملهم.

2-التدريب أثناء العمل:

من أهم أنواع التدريب والذي يهدف إلى مواكبة التطورات الجديدة في عصرنا الحالي ويهدف أيضا إلى المحافظة على كفاءة عمل الإفراد وزيادتها في آن واحد.

3-التدريب بغرض المعرفة:

وهذا مشابه للتدريب أثناء العمل الا انه يختلف في تطبيقه حينما تتقادم معارف ومهارات جديدة تحتاج الى التطوير أو تدخل أساليب عمل جديدة داخل المنظمة.

4-التدريب بغرض الترقية:

قد تحتاج المنظمة في بعض الاحيان في ترقية موظفيها فعلى سبيل المثال تريد أن ترقي عامل من وظيفة فنية الى ادارية، لن يكون لها ذلك بدون تدريب.

5- التدريب للتهيئة للتقاعد:

يستخدم هذا النوع عادة في المنظمات الراقية والذي يهتم بكبار السن المقبلين على التقاعد.

ثانياً: أنواع التدريب حسب نوع الوظائف:

1-   التدريب المهني والفني:
يهتم هذا النوع بالمهارات اليدوية والميكانيكية، في الأعمال الفنية والمهنية ومن أمثلتها الكهرباء والنجارة.

2-   التدريب التخصصي:
يتضمن هذا التدريب على معارف ومهارات على وظائف أعلى من الوظائف الفنية والمهنية وتشمل عادة الأعمال المحاسبية والمشتريات.... الخ

3- التدريب الإداري:
ويتضمن هذا التدريب المعارف والمهارات الإدارية اللازمة لتقلد منصب إداري.

الموضوع العاشر: الرواتب والحوافز

الرواتب:

إن الأجور كانت ولازالت من أهم المسائل التي تتمحور حولها النقاشات بين العامل وصاحب العمل، لاسيما ونحن أمام اقتصاد السوق، إذ أن جل النزاعات الحاصلة في أوساط الطبقة العاملة سببها السعي إلى الرفع من مستوى الأجور، فهي من جهة تكلفة على عاتق صاحب العمل، ومن جهة أخرى مصدر رزق للعامل.

تعتبر الأجور والرواتب ومختلف التعويضات الملحقة بها من أهم الحقوق الأساسية للعامل، كما أنها من أهم التزامات صاحب العمل تجاه العامل. ويرجع الاهتمام بهذا العنصر لكونه يكتسي طبيعة مزدوجة، فله وجه إنساني ووجه اقتصادي فهو يمس من جهة حياة الكادحين ماديا ومعنويا، ومن جهة أخرى يمس العلاقات الإنسانية والاجتماعية بين الموظف ومديرة في بيئة العمل، وهذا ما يجعله من أعقد المشاكل ومبعث للكثير من النزاعات العمالية.[32] تعتبر الأجور ومختلف التعويضات الملحقة بها من أهم الحقوق الأساسية للعامل، كما أنها من أهم التزامات صاحب العمل تجاه العامل. ويرجع الاهتمام بهذا العنصر لكونه يكتسي طبيعة مزدوجة، فله وجه إنساني ووجه اقتصادي فهو يمس من جهة حياة الكادحين ماديا ومعنويا، ومن جهة أخرى يمس العلاقات الإنسانية والاجتماعية بين العامل ورب العمل وهذا ما يجعله من أعقد المشاكل ومبعث للكثير من النزاعات العمالية.

مفهوم الرواتب:

"يقصد به الأجر الذي يدفع لعامل معين مقابل عمل قام به في فترة زمنية معينة".

الأجر يشمل كافة العناصر المالية النقدية والعينية التي يقدمها صاحب العمل للعامل مقابل ما قدمه هذا الأخير من جهد ووقت وما حققه له من نتائج وأهداف، وهو ما يحصله العامل يوميا أو أسبوعيا. ونجد أيضا المرتب الذي يعرفه البعض على أنه ما يحصل عليه الموظف ويصرف له شهريا.

العدالة في الرواتب والأجور:

الرواتب والأجور تتباين بسبب تباين الأداء (نتيجة تباين قدرات أو مهارات أو تفضيلات الأفراد للعمل في مؤسسات معينه حسب نوعيتها أو المركز الاجتماعي للعمل، أو الموقع الجغرافي،

أو لثقتهم في الإدارة واستمراريتها أو إمكانية التقدم والترقي).

نظريا يتقاضى الأفراد المتساوون في أعمال متساوية رواتب وأجور متساوية، ولكن الواقع العملي يؤكد تباين الأجور والرواتب، حيث تدفع المؤسسات المتباينة أجورا متباينة لعمالة متباينة القدرات والخصائص.

فالشعور بعدم العدالة يؤدي إلى فشل النمو في الوصول إلى بعض الفئات ومن هذا المنطلق فإن كل الحكومات تقريبا تحرص على التدخل في الطريقة التي تعمل بتا أسواق العمل سواء لحماية الموظفين والعمال ذوي الوضع الأضعف.

أنواع الأجور

1) الأجر الزمني: ويحتسب من خلال وحدة الزمن.
2) الأجر الإنتاجي: ويحتسب من خلال الوحدات الإنتاجية.
3) الأجر النقدي: ويعبر عنه بما يستلمه من أجر نقدي ويعتمد ذلك على القوة الشرائية للوحدة
4) النقدية الأجر الأساسي: ويقابله الأجر الإجمالي.

5) الأجر الكلي: ويقابله الأجر الصافي والفرق بينهما أنواع الاستقطاعات كالضرائب.

الأجر الفردي: ويقابله الأجر الجماعي، ويرتبط ذلك بطريقة حساب الأجور، فإذا كان إطارها الفرد فهو أجر فردي، وإذا تجاوزته إلى جماعه فهو أجر جماعي

الفرق بين الأجور والمرتبات:

- الاجور: المقابل المادي الذي يتم حسابه وفقا لعدد ساعات العمل الفعلية، أي انه قد يختلف من اسبوع لأخر وفقا لعدد الساعات الفعلية.
- المرتبات: المقابل المادي الذي يدفع على فترات زمنيه معينه.

مراحل إعداد نظام الأجور والرواتب

تمر عملية نظام الأجور والرواتب بعدد من المراحل الضرورية وهي:

1- تحديد الأهداف والاستراتيجيات.

2- مسح بيئة المنظمة.

3- تصميم نظام الأجور والرواتب.

4- صيانة نظام الأجور والرواتب.

تصميم الأجور والرواتب:

ما يجدر ذكره هنا أن إدارة الموارد البشرية في المنظمة معنية بتصميم نظام الأجور في حين ينهض دور مديرين تنفيذيين آخرين

في المنظمة على تقديم مقترحات عند تصميم هذا النظام وعادة ما يمر هذا النظام بمراحل: -

1. تخطيط تصميم النظام (مرحلة التحديد)
2. اختيار طريقة تقييم الوظائف (مراتب أم تدريج)
3. تنفيذ عملية التقويم (على الخطة المرسومة)
4. تحديد هيكل الوظائف (تحديد عدد الدرجات)
5. تسعير الدرجات (تحديد بداية الأجر ونهايته)
6. تشغيل نظام الأجور ومعالجة أي مشاكل تطرأ على النظام

انواع الرواتب:

1- **الرواتب حسب الزمن:** يتم دفع الأجر على أساس معدل محدد بالساعة أو اليوم أو الاسبوع أو الشهر

2- **الرواتب حسب المردود الفردية:**

أ/ الرواتب بالقطعة وحسب الزمن المحدد.

ب/ الرواتب تقاسم (تقاسم الارباح والخسائر بين العامل والمؤسسة).

ج/الرواتب الانتقائية (الرواتب حسب المردود الاكثر لتشجيع العمال).

3- **الرواتب (حسب المعيارين سابقين في نفس الوقت):**

- يعتمد على المردود والزمن في نفس الوقت:

أنظمة حسب الأجور:

1-نظام دفع الأجر على أساس الزمن:

يدفع الأجر حسب هذا النظام على أساس فترة العمل، ووحدات الزمن المستعملة تتمثل عموما في الساعة والشهر ع=س * ز

يعتبر هذا النظام في دفع الأجر هو أكثر شيوعا في غالبية المشروعات.

2- دفع الأجر على أساس الإنتاج:

بداية تطبيق هذا النظام سادت أثناء وجود الحرف وهو شائع الآن في تحديد أجر عمال الإنتاج في الصناعة، وفي ضوء هذا النظام يتوقف أجر الفرد على إنتاجية

الحوافز:

مفهوم الحوافز:

يمكن تعريفها على أنها:" مجموعة المؤثرات التي تستخدم في إثارة دوافع الفرد، وبالتالي في تحديد مستوى وشكل سلوكه وذلك بإتاحة الفرصة أمامه لإشباع الحاجات التي تحرّك دوافعه".

أهمية الحوافز

1) زيادة الإنتاجية والأرباح.

2) زيادة دخل العاملين، وإحساسهم بروح العدالة داخل المنظمة.

3) استقطاب العاملين الجيدين إلى المنظمة، وتنمية روح الولاء والانتماء والاستقرار.

4) الحد ومعالجة مشاكل العمل (الغياب، انخفاض المعنويات، الصراعات

الفرق بين الدوافع والحوافز:

- مفهوم الدوافع

يرى "هوكس" أن الدافعية هي: "القوة التي تحرك وتثير الفرد من أجل إنجاز المهمات الموكلة إليه على الوجه الأفضل عن طريق تلبية حاجاته المادية والمعنوية.

- **الفرق بين الدوافع والحوافز:**

تعني الدافعية القوة الداخلية التي تدفع الإنسان لأن يقوم بالتصرف والسلوك، وبالتالي فالدافعية هي عبارة عن محركات داخلية غير مرئية تدفع الإنسان لأن يتصرف ويعمل من أجل إشباع حاجات معينة يحسّ ويشعر بها. وتلعب الحوافز دورا في تشكيل الدافعية الإنسانية وإشباع حاجاتها، وهي عبارة عن فرص أو وسائل يمكن بواسطتها إثارة رغبات الفرد، وخلق الدافع لديه من أجل الحصول عليها وإشباعها من خلال سلوك مرغوب فيه. يتضح من معنى الحافز أنّه يختلف عن الدافع فالأول خارجي في حين أن الثاني نابع من داخل الفرد .

متطلبات تطبيق نظام الحوافز:

1) بطاقة (وصف وظيفة) لكل وظيفة تحدد كل الأبعاد المرتبطة بالوظيفة.
2) تقييم الوظيفة بما يحدد الأهمية النسبية لكل وظيفة.
3) معدلات الانحراف الايجابية والسلبية عن المعدل العادي.

أنواع الحوافز:

✓ **من حيث المحتوى:**

1. **حوافز مادية:** وهي تمثل متطلبات الدافع الواجب إشباعها في شكل نقدي، وتتمثل في الأجر والمكافئات المالية والمشاركة في الأرباح.

2. **حوافز معنوية**: وتعتبر الحوافز المعنوية من أنواع الحوافز التي لا تمثل النقود العامل الأساسي فيها وتتمثل الحوافز المعنوية في عبارات الثناء والتعاطف مع الآخرين.

✓ **من حيث الفلسفة:**
1. **حوافز إيجابية**: تهدف الحوافز الإيجابية إلى رفع الكفاءة الإنتاجية وتحسين الأداء من خلال مدخل التشجيع الذي يشجع الفرد على أن يسلك سلوكا معينا ترغبه الإدارة.
2. **حوافز سلبية**: تسعى الحوافز السلبية إلى التأثير في سلوك الأفراد من خلال العقاب والردع والتخويف، أي من خلال العمل التأديبي الذي يتمثل في جزاءات ماديه كالخصم من الأجر أو الحرمان من المكافآت أو العلاوة أو الترقية أو قد يكون الجزاء غير مادي.

الشروط الأساسية الواجب توافرها لنجاح نظام الحوافز:
1. عدالة الحافز وكفايته.
2. سهولة فهم السياسة التي تتبعها المنظمة في تقديرها للحافز.
3. إقرار صرفها أو أدائها للعاملين في مواعيد محدده ومراقبه
4. ارتكاز الحوافز على أسس أو مستويات مقبولة.
5. أن تأخذ شكل الاستمرار في أدائها.
6. أن ترتبط ارتباطا مباشرا برسالة أو بهدف المنظمة.

مزايا وخدمات العاملين:
تختلف المزايا والخدمات التي تقدمها المنظمة عن أنظمة الحوافز بها. فإذا كانت الحوافز هي مقابل للأداء المتميز، فان المزايا والخدمات

تمثل مقابلا للعضوية والانتماء إلى المنظمة وتهدف إلى جذب الأفراد للعمل بها، والإبقاء على من يعمل فيها، وإشعارهم بالأمان الوظيفي والاستقرار. وذا كانت الحوافز تميز بين أداء الأفراد فان المزايا والخدمات تعطى لهم جميعا ودون تمييز تقريبا.

الموضوع الحادي عشر: الترقيات

الكثير من الناس يسعون للحصول على مرتبة عالية في حياتهم، فالطموح سمة لابد أن يتحلى بها كل من يعمل في أي مجال حتى يصل دائما إلى ما يسعى إليه. وهنا نتحدث عن بيئة العمل فلا يمكن التقدم في الوظيفة أو المرتبة دون استعمال نظام الترقيات، فالكثير من الموظفين يصيبهم الإحباط والضيق بسبب عدم قدرتهم للحصول على ترقية في العمل الذي يمارسونه.

الترقية تبين إتاحة الفرصة للموظف للحصول على مزايا مادية أو بشغله لوظيفة أخرى ذات مستوى، أعلى ومسؤولية وسلطة أعلى، وتعتبر حق من حقوق الموظف. فالترقيات تأتي نتيجة جهود خلال فترة معينه وهناك الكثير من النظريات والأبحاث التي تدعم دور الترقية في صقل معارف وقدرات الموظفين، حتى قيل "كلما كان هناك ترقية كان هناك أداء متميز في المنشاة".

فالتطبيق السليم لعملية الترقيات يؤثر بلا شك في بيئة العمل الداخلية ويحقق أهداف كلا من مسؤولي الشركة وموظفيها إذا فالترقية تساعد على سيادة روح الطاعة والنظام باعتبارها أنها وسيلة يستعملها الرؤساء لترغيب الموظفين وتعمل على جذب أفراد جدد للعمل والاحتفاظ بهم.

فالترقية تؤثر تأثيرا ايجابيا على الموظف بحيث أنها تملأ حاجة الموظف الذاتية، وشعوره بالإقدام (التقدير) وعندها سوف يبذل قصارى جهده من اجل تحقيق أعلى مستويات الإنجاز والإبداع والتميز في عملهم.

مفهوم الترقيات:

هي من المهام أو الوظائف التي تقوم بها إدارة الموارد البشرية في منظمات الأعمال وهي مكافأة لإنجازات الفرد السابقة وتقديرا لارتفاع مستوى قدراته ومهاراته.

وتحقق مصالح مشتركة للفرد (حافز) والمنظمة (الولاء).

* **الترقية الجافة:** هي التي تتم بدون زيادة في الأجر ولكنها تعطي مركزاً أعلى للفرد.

نموذج مقترح لرواتب العاملين في القطاع الخاص

الدرجات / السنوات	2	4	6	8	10	12	14	16	17	28	19	20	21	22	23	العلاوة السنوية
1	1000	1100	1200	1300	1400	1500	1600	1700	1800	1900	2000	2100	2200	2300	2400	50
2	1200	1300	1400	1500	1600	1700	1800	1900	1950	2000	2050	2100	2150	2200	2250	50
3	1500	1600	1700	1800	1900	2000	2100	2200	2250	2300	2350	2400	2450	2500	2550	50
4	1800	1940	2080	2220	2360	2500	2640	2780	2850	2920	2990	3060	3130	3200	3270	70
5	2000	2140	2280	2420	2560	2700	2840	2980	3050	3120	3190	3260	3330	3400	3470	70
6	2200	2340	2480	2620	2760	2900	3040	3180	3250	3320	3390	3460	3530	3600	3670	70
7	2500	2700	2900	3100	3300	3500	3700	3900	4000	4100	4200	4300	4400	4500	4600	100
8	2800	3000	3200	3400	3600	3800	4000	4200	4300	4400	4500	4600	4700	4800	4900	100
9	3000	3200	3400	3600	3800	4000	4200	4400	4500	4600	4700	4800	4900	5000	5100	100
10	3200	3500	3800	4100	4400	4700	5000	5300	5450	5600	5750	5900	6050	6200	6350	150
11	3500	3800	4100	4400	4700	5000	5300	5600	5750	5900	6050	6200	6350	6500	6650	150
12	3800	4100	4400	4700	5000	5300	5600	5900	6050	6200	6350	6500	6650	6800	6950	150
13	4000	4400	4800	5200	5600	6000	6400	6800	700	7200	7400	7600	7800	8000	8200	200
14	4500	4900	5300	5700	6100	6500	6900	7300	7500	7700	7900	8100	8300	8500	8700	200
15	5000	5400	5800	6200	6600	7000	7400	7800	8000	8200	8400	8600	8800	9000	9200	200

مزايا الترقيات:

1. وفرة المعلومات عن الموظف المرقي.
2. انسجام أو تكيف الموظف مع بيئة العمل للمنظمة.
3. رفع الروح المعنوية للموظف.
4. يساعد على المحافظة على الموارد البشرية في المنظمة وعدم تسربها.

- **تلجأ المنظمات إلى ترقية موظفيها من أجل الوصول إلى الأهداف التالية:**

1. للاستفادة المثلى من مهارات ومعارف وقدرات الموظفين من أجل تحقيق الفعالية والكفاءة اللازمتين لإنجاز أهداف المنظمة[35].
2. لتطوير روح الموظفين وغرس الحماس فيهم واكتساب المهارات والمعارف وما تتطلبها الوظائف من مستويات أعلى.
3. وضع مصدر داخلي من الموظفين الأكفاء على استعداد لتولي وظائف في مستوى أعلى في البيئة المتغيرة.
4. تعزيز وتطوير الذات لدى الموظفين وجعلهم ينتظرون دورهم في الترقيات.
5. تعزيز شعور المحتوى مع الظروف الحالية للشركة والشعور بالانتماء.
6. تعزيز الفائدة في التدريب والتطوير في مجالات تنمية الفريق.
7. بناء ولاء ورفع المعنويات.
8. مكافأة الموظفين الملتزمين والأوفياء.

وكل ذلك يصب في مصلحة بيئة العمل الداخلية ويجعلها بيئة مثالية ومتميزة لان جميع الموظفين يسعون إلى تحقيق هدف المنظمة

وأداء عملهم على أكمل وجه والتميز فيه وتقديم أفضل ما لديهم للمنظمة والحصول على مكافأة بذل الجهد وهي الترقية.

أسس ومعايير الترقية:

أ) معيار الأقدمية: ويقصد به أن الموظف بعد أن يقضي فترة معينة في وظيفته يصبح مؤهلاً أو من حقه الترقية لوظيفة أعلى إذا استوفى شروطها وهذا يعني أن الأفضلية والأحقية في الترقية على بقية الزملاء الآخرين.

ب) معيار الكفاءة أو الجدارة: يأخذ هذا المعيار بعنصر الكفاءة المتمثلة في المؤهل العلمي والخبرة والكفاءة والجدارة في العمل بغض النظر عن المدة التي أمضاها في الوظيفة.

الأسس والمبادئ التي تحكم الترقيات:

- إن تؤدي إجراءات الترقية وأسسها المعتمدة إلى اختيار أفضل العناصر وأجدرها
- إتاحة الفرص كاملة لكل المرشحين للترقية وتحقيق مبدأ التكافؤ فيما بينهم
- أن لا تكون حاجزاً أو مانعاً للترقيات من خارج المنظمة لضم دماء جديدة وكفاءات أفضل
- أن تكون جميع إجراءات ونظم وشروط ومعايير الترقية واضحة ومعلومة للجميع.

أن تحقق الترقية أهداف المنظمة والأفراد على حد سواء

الصعوبات والمشاكل التي تواجه الترقيات:

- ☒ تعذر الترقية من الوظائف الإدارية للوظائف الفنية والعكس صحيح
- ☒ الطبيعة الهرمية للسلم الوظيفي يجعل فرص الترقيات يتضاءل تدريجياً كلما صعدنا أعلى السلم
- ☒ قد يتخذ بعض الرؤساء الترقيات كنوع من المكافأة لنجاحات سابقة لبعض الموظفين دون أن يدرك أنه قد لا ينجح كثيراً في الوظيفة

رفض الترقية

بعض الأفراد يعرفون قدراتهم وحدود امكاناتهم في العمل، ويخشون من الفشل في حالة الترقية لوظائف ذات مهام ومسئوليات أكبر، فقد يتولد أحياناً إحساس الفرد بعدم الأمان والخوف من تحمل المزيد من المسئولية، ومن احتمال الفشل في المركز الجديد

الترقية التي تكون مصحوبة بالنقل إلى جهة أخرى تواجهه غالباً بالرفض من البعض، إذ ان الترقية بهذه الصورة تبعد الفرد عن أسرته وأصدقائه وتعرضه لمشكلات عائلية ومادية تتجاوز العائد المتوقع من الترقية.

أحياناً يكون السبب في رفض الترقية لارتباط الموظفين بأعمال أخرى بجانب الوظيفة ويخشون من ان الترقية قد تشغلهم عن الاهتمام بذلك العمل، أتكون سبباً في نقلهم إلى مكان يبعدهم عن الاهتمام به، خاصة إذا كانت الفوائد التي يحققها العمل الإضافي أفضل من عائد الوظيفة الجديدة.

الموضوع الثاني عشر: ولاء الموظفين

هو أعمق من الانتماء ويمكن أن يقال عنه أيضا أعظم درجات الانتماء ويمكن أن نعرفه على أنه العملية التي يحدث فيها تطابق بين أهداف الفرد وأهداف المنظمة. كما يمكن تعريفه على أنه اعتقاد قوي وقبول من جانب الفرد لأهداف المنظمة ورغبة في بذل أكبر عطاء ممكن لصالح المنظمة التي يعمل فيها الفرد مع رغبة قوية في الاستمرار في عضوية هذه المنظمة.

قال (والت ديزني): "أنت تستطيع أن تحلم وأن تخلق وتبني أكثر الأماكن روعة في العالم، لكن ذلك يتطلب من الناس جعل الحلم حقيقة"

ركز أغلب الشركات على ولاء الزبائن من دون تركزيها على ولاء الموظفين على الرغم من أن ولاء الموظفين للشركة لا يقل أهمية عن ولاء الزبائن، إذ ان احتفاظ الشركة بموظفيها ولا سيما الموظفين المبدعين وذوي الإمكانيات الكبيرة يساعد الشركة في زيادة إنتاجيتها ويسهم في تطورها. كذلك فإن معدلات دوران العمل المرتفعة تؤدي إلى تكبد الشركة تكاليف إضافية ليست بالقليلة، لذلك من المهم للشركة الاحتفاظ بموظفيها لأطول فترة ممكنة.

- **ولعلنا نعرج على أهم الطرق للمحافظة على ولاء الموظفين في الشركة:**

1. معرفة رؤية الشركة.
2. الشعور بالتشجيع والتحفيز.
3. الاحتفاظ بعلاقات قوية مع الإدارة.
4. حصولهم على التقدير والمكافآت بشكل مستمر.

تعريف الولاء الوظيفي

مفهوم الولاء الوظيفي العلاقة بين الموظف وصاحب العمل، ويعرف بشكل أدق ب "عقد مطلق غير مكتوب يوافق فيه صاحب العمل على توفير المواد و المصادر التي يحتاجها الموظف حتى يؤدي وظيفته على أفضل وجه و يقابله موافقة الموظف على العمل بمستوى جيد لتلبية أهداف الشركة"

ثانيا: عوامل كفيلة لتهيئة الأجواء أمام الأفراد وفي بيئات أعمالهم المختلفة لكي يظهر ولائهم المؤسسي بشكل طبيعي وتلقائي:

العامل الأول: فهو يتعلق في المبادئ التي ينبغي أن تعتقدها وترفعها المؤسسة لأفرادها والتي من خلالها تتميز عن باقي المؤسسات الأخرى والتي تجعل الأفراد بالفخر في انتمائهم في مؤسستهم أما العامل الثاني: فهو متعلق في توفير نماذج قيادية ومؤثرة ومحركة داخل المؤسسة والتي ينظر الأفراد لها كنماذج مثالية يقتدي بها ورموز يدور حولها الولاء المؤسسي.

أما العامل الثالث: فهو متعلق بتوفير الحوافز المعنوية والمادية للأفراد المؤسسة والتي تهدف إلى دفع المضرات عن الأفراد قبل جلبها لهم.

أما العامل الرابع: فهو متعلق بإيجاد جو تنافسي شريف يمكن لأي فرد أن يعيش فيه داخل المؤسسة والذي من خلاله تزداد نسبة الولاء المؤسسي

ومن أهم المجالات التي يمكن للمنظمة استثمارها في طاقاتها البشرية لتعزيز حالة الولاء هي:

- 1. تعزيز التعويضات غير المباشرة
- 2. تحقيق العدالة الوظيفية بين العاملين في حصولهم على الترقيات
- 3. التعامل الإيجابي لإدارة المنظمة مع العاملين فيها

➢ **أهم الطرق للمحافظة على ولاء الموظفين في الشركة:**
- منح الموظفين تعويضات مالية مجزية وقابلة للزيادة.
- تقديم التدريب المستمر والحرص على إكساب الموظفين مهارات جديدة.
- خلق الشعور بالاستقرار الوظيفي.
- **الترقية:** وجود الترقية في الشركة يحفز الموظفين على البقاء فيها لفترة أطول من الزمن رغبة منهم في الحصول على منصب وظيفي أعلى.
- **الاعتراف بإنجازات الموظفين:** من المهم أن تعترف إدارة الشركة بإنجازات موظفيها وألا تنسب كل النجاح الذي تحققه الشركة لنفسها، بل يجب أن تعترف بجهود موظفيها ودورهم في تحقيق النجاح للشركة، هذا الاعتراف جدير بخلق ولاء الموظفين لشركتك.

محددات الولاء الوظيفي:

○ ومن الملاحظ أن هناك أمرين مهمين يحكمان الولاء التنظيمي:
1) جانب نفعي: وهو تبادل المنافع والمزايا بين المنظمة والفرد.
2) جانب نفسي: وهو التكوين النفسي للفرد نحو المنظمة.

نتائج الولاء الوظيفي:
1) زيادة انتاجية الفرد والمنظمة.
2) تحقيق الأهداف المشتركة للعاملين والمنظمة.
3) تحسين البيئة الاجتماعية للعمل.
4) الحفاظ على الكفاءات الجيدة من الخروج لمنظمات منافسة.

ماذا تعمل جوجل لزيادة ولاء الموظفين:

- مشاركة الموظفين في أرباح الشركة.
- ملكية الموظفين لجزء من الأسهم.
- اتخاذ القرار بمشاركة الموظفين.
- الاهتمام بالعلاقات الإنسانية.

هناك ستة جواهر في خلق الولاء الوظيفي:

1. التعامل مع الموظف كإنسان
2. الموظف يسمع من الإدارة اقل كلام ممكن
3. البعد عن الانتقاد امام الاخرين
4. الاختلاف بالراي لا يكون علني
5. دعم قرارات الموظف امام العموم
6. إعطاء وقت للموظف لترك العمل

نتائج والاء الموظفين:

- زيادة انتاجية الفرد والمنظمة.
- تحقيق الأهداف المشتركة للعاملين والمنظمة.
- تحسين البيئة الاجتماعية للعمل.
- الحفاظ على الكفاءات الجيدة من الخروج لمنظمات منافسة.
- المساعدة في ربحية المنظمة.

مظاهر الولاء للعاملين

1- احترام المنظمة وإدارتها.

2- استعداد العاملين للتضحية بالوقت والجهد الإضافي لغرض الوقوف مع المنظمة.

3- رفع الكفاءة الوظيفية وتكاتف الجهود والمحافظة على أسرار العمل والدفاع عن سمعة المنظمة.

السلوكيات القيادية الخمسة للحفاظ على الولاء الوظيفي:

1. *قول الحقيقة:*

اختيار من يتمتعون بالصفات القيادية أو غيرها من المواهب القيمة المحتملة وقم برعايتهم وتنمية مهاراته. مما لا شك فيه فإن ذلك سيعود بالفائدة على سير أعمالك التجارية، في المقابل، فسيقوم هؤلاء الأشخاص برعاية وتنمية مهارات الموظفين الآخرين.

2. *تنسيق أدوار التواصل والمسؤوليات:*

حيث توفر طريقا لتحقيق النجاح ليس فقط بالنسبة لأولئك القياديين الواعدين فحسب بل لجميع الموظفين وهذا يعني في بعض الأحيان حدوث تغييرات صعبة، يجب أن تمتلك خطة تطويرية لكل شيء، ولوضع خطة جيدة لأصحاب الأداء المتراجع -أحرص على أن يعرف الجميع هذه الخطة

3. *خلق ثقافة تقدر العلاقات الحقيقية بين الأشخاص في بيئة العمل:*

بالنسبة للعديد من الموظفين فإن العلاقة بين الموظفين من جهة، والعلاقة بين المدراء والعاملين من جهة أخرى تقود إلى الترابط، والولاء ما يعني مزيدا من الفعالية

4. *إتباع النزاهة والشفافية:*

هذا لا يعني معاملة الجميع بنفس الطريقة وهو ما يعني اعتماد طريقة شفافة في الإدارة والقيادة سيكون الموظفون أكثر عرضة للاستجابة للتغيير في حال ما كانت العملية المستخدمة لإدارة التغيير نزيهة وعادلة.

5. **بناء نماذج السلوكيات التي تبحث عنها:**

تقبل مسؤوليتك كقائد ولكن لا تنس القيام بالعمل كشريك مع الالتزام والمسؤولية. كل واحد منا يسعى إلى الانتماء إلى المشاركة للتواصل مع من حولنا، حيث أن الولاء مبني على العلاقات، والتفاهم المشترك والثقة. لذا لا تأخذ الولاء والالتزام لمجرد تحقيق هدفك بل لخلق ثقافة واضحة ترتكز على التقدير والتكريم لكل إنجاز ممكن في بيئة العمل.

من أهم الأسباب لتدني أداء بعض المؤسسات هو إغفالها لأهمية العنصر البشري مما يؤدي إلى تدني رضا وولاء الموظفين ومن هذه الأسباب:

1. عدم سؤال الموظفين عن رأيهم.
2. التمييز بين الموظفين.
3. فقدان الشعور بالأمان الوظيفي.
4. الاستخفاف بأوقات الموظفين.
5. طلب آراء الموظفين دون الاهتمام بها فعليا.

الموضوع الثالث عشر: سمعة المنظمة

تشير البحوث الحديثة في استراتيجيات الأعمال إلى أن السمعة التي تتمتع بها الشركة أو المؤسسة ثروة استراتيجية ذات قيمة كبرى لكل شركة، وقد تبين من هذه البحوث أن السمعة الجيدة عون كبير للشركات في سعيها لتحقيق الأداء المالي الأفضل وحفاظها على استدامة هذا الأداء.

التعريف:

"هي مجموعة القيم المنسوبة للمؤسسة (مثل الأصالة والموثوقية صدقها ونزاهتها ومسؤوليتها) التي يستشعرها المرء عن المؤسسة من خلال الصورة التي يحملها عنها".

ما الذي يعتمد علية مفهوم سمعة الشركة:

- يعتمد مفهوم "سمعة الشركة" على انطباعات لدى أشخاص أو جهات يرتبطون بالشركة بمصلحة معينة مثل الزبائن، الموظفين، أو الموردين.
- وتتكون هذه الانطباعات كنتيجة لتعاملات سابقة، مثل شراء بعض المنتجات أو التواصل مع الشركة للاستفسار عن خدمة معينة أو حتى متابعة أخبار وتحديثات هذه الشركة في مواقع التواصل الاجتماعي.
- أن 72% من زبائن الشركات الصغيرة لن يسامحوها على أي تقصير بالخدمة بل 67% منهم سيشاركون تجربتهم السيئة مع معدل 8 أشخاص يعرفونهم.
- قد تكون مثل هذه الممارسات من قبل الزبائن كافية لإلحاق ضرر كبير بسمعة شركتك، وبالتالي سبباً مباشراً لفشلها

بعض الأخطاء التي يمكن تجنبها بسهولة للحفاظ على سمعة شركتك:

1) تقديم وعود غير قابلة للتطبيق
2) عدم الرد على استفسارات الزبائن
3) تحديثات مملة وغير ضرورية
4) عدم احترام المواعيد
5) موظف غير سعيد
6) تعديلات غير منتظمة
7) التذمر او التعبير عن الاستياء
8) استخدام الرسائل المزعجة
9) إعلانات خادشه للحياء

نتائج السمعة الجيدة للشركة:

أولاً: من حيث القيمة التشغيلية:

1- تقلل من مخاطر التعامل معها
2- زيادة رضا الموظفين عن أعمالهم
3- تضاعف فاعلية الإعلان وتأثير قوة المبيعات
4- تدعم إدخال المنتجات الجديدة إلى الأسواق
5- تكون بمثابة كفالة لحسن تنفيذ الأعمال في حال تعاقدها مع شركة أخرى

ثانياً: من حيث القيمة المالية: زيادة طول المدة الزمنية التي تقتضيها الشركة في كسب عائدات ممتازة جداً.

امثلة على سمعة الشركة:

1) شركة بن لادن:

التي كانت تصنف بإحدى اكبر شركات المقاولات في المملكة تم من دخول مشاريع جديدة بعد سقوط رافعة الحرم المكي يوم الجمعة 11/ سبتمبر/2015

2) شركة موبايلي:

كانت سمعت شركة موبايلي مرضية نوعا ما لكن بعد التلاعب الذي حصل في القوائم المالية لشركة في شهر 2015/3 فقدت موبايلي سمعتها.

3) شركة نوكيا:

نوكيا حتى وقت قريب كانت الشركات الرائدة في صناعة الجولات باختلاف أنواعها، ولكن مع تطور التكنولوجيا وعدم مواكبة الشركة لهذه التطورات وظهرت شركات منافسة مثل «ابل وسامسونغ» فقدت الشركة سمعتها.

المحاور المرتبطة بسمعة المنظمة:

1- هوية المنظمة:

التقديم الاستراتيجي المخطط للمنظمة وذلك عبر رموز مثل: الشعار، الاسم، الألوان...

2- ثقافة المنظمة:

أهداف المنظمة ومبادئها التي تسعى إلى تحقيقها وانعكاسها على موظفيها.

3- شخصية المنظمة:

مجموعة السمات الخاصة والمميز للمنظمة مثل سمات خاصة بالمنتج أو بالأسلوب الإداري.

4- خصائص العلامة التجارية:

خصائص المنتج الملموسة والغير ملموسة التي يتميز بها عن نظائره من المنتجات.

5-   **الصورة الذهنية للمنظمة:**

الانطباعات الذاتية للأفراد عن المنظمة ومشاعرهم حيالها.

البيئة الخارجية

بيئة العمل الخارجية:

يمكن تعريف بيئة العمل الخارجية:

بأنها العناصر والمتغيرات البيئية خارج المنظمة ذات العلاقة أو التأثير على المنظمة.

من أهم تلك العناصر:

نظام الدولة، قانون العمل، الوضع الاقتصادي العام، العولمة، المنافسون، المؤسسات الحكومية، مستوى التعليم، التكنولوجيا...

الموضوع الاول: نظام الدولة

تعريف نظام الدولة:

هي القرارات التي تصدرها الحكومة والتي تعكس النظم القانونية والشرعية والسياسية التي تحدد مقدار الحرية الممنوحة للمنظمة للسعي نحو تحقيق أهدافها.

المبادئ الاقتصادية في نظام الدولة:

1. جميع الثروات التي اودعها الله في باطن الأرض أو في ظاهرها أو في المياه الإقليمية أو في النطاق البري والبحري الذي يمتد إليه اختصاص الدولة وجميع موارد تلك الثروات ملك للدولة وفقاً لما يبينه النظام. ويبين النظام وسائل استغلال هذه الثروات وحمايتها وتنميتها لما فيه مصلحة الدولة وأمنها واقتصادها.
2. لا يجوز منح امتياز أو استثمار مورد من موارد البلاد العامة إلا بموجب نظام
3. للأموال العامة حرمتها وعلى الدولة حمايتها وعلى المواطنين والمقيمين المحافظة عليها
4. الملكية ورأس المال والعمل مقومات أساسية في الكيان الاقتصادي والاجتماعي للمملكة وهي حقوق خاصة تؤدي وظيفة اجتماعية وفق الشريعة الاسلامية.
5. تكفل الدولة حرية الملكية الخاصة وحرمتها ولا ينزع من أحد ملكه إلا للمصلحة العامة على أن يعوض المالك تعويضاً عادلاً.
6. تحظر المصادرة العامة للأموال ولا تكون عقوبة المصادرة الخاصة إلا بحكم قضائي.

7. لا تفرض الضرائب والرسوم إلا عند الحاجة وعلى أساس من العدل. ولا يجوز فرضها أو تعديلها أو إلغاؤها أو الإعفاء منها إلا بموجب النظام.

8. تجبى الزكاة وتنفق في مصارفها الشرعية.

9. يتم تحقيق التنمية الاقتصادية والاجتماعية وفق خطة علمية عادلة

المبادئ السياسية في نظام الدولة:

النظام السياسي للدولة:

هو مجموعة المؤسسات السياسية الحكومية وغير الحكومية.

وهو عباره عن نسق يتعلق بالسلطة السياسية ويتكون من عدة أجزاء (المؤسسات الرسمية وغير الرسمية) تترابط فيما بينها ويتفاعل هذا النسق مع البيئة (الداخلية والخارجية) بما يؤدى إلى بقاءه واستمراره.

وهدف أشخاص النظام هو البقاء في السلطة أو بقاء النظام السياسي لأطول فترة ممكنة اي تحقيق الاستقرار السياسي وهو الامر الذي يتطلب أن يتفاعل هذا النظام مع البيئة التي يوجد فيها بما يؤدي إلى تحقيق هذه الغاية.

حكومة المملكة العربية السعودية تتكون من ثلاث سلطات فرعية وهي:

1) السلطة التشريعية.
2) السلطة التنفيذية.
3) السلطة القضائية.

1) السلطة التشريعية:

لكل بلد مسمى خاص للسلطة التشريعية التي تكون أساس الحكم فيها فعلى سبيل المثال هناك مسميات لسلطة التشريعية لعدد من الدول كما يلي:

أ. فرنسا -الجمعية الوطنية.
ب. الولايات المتحدة -الكونجرس.
ت. الكويت -مجلس الامة.
ث. مصر -مجلس الشعب.
ج. روسيا -الدوما.

يعتبر مجلس الوزراء اعلى سلطة تشريعية في الملكة العربية السعودية.

(2) **السلطة التنفيذية:**

○ **وظائف السلطة التنفيذية**

1- تنفيذ القرارات والقوانين والتشريعات التي تصدرها السلطة التشريعية.

2- ادارة الشئون الداخلية والخارجية في الدولة.

3- تحقيق الاستقرار الداخلي وحفظ الامن------ وزارة الداخلية.

4- تنظيم مالية الدولة ------ وزارة المالية.

5- تنظيم العلاقات الخارجية -------- وزارة الخارجية.

6- الدفاع ----------- وزارة الدفاع.

(3) **السلطة القضائية:**
1- تفسير القوانين وتطبيقها.
2- الفصل في المنازعات التي تنشأ بين أفراد المجتمع وحماية حقوقهم وحرياتهم.

3- التأكد من دستورية القوانين التي تصدر عن السلطة التشريعية والغاء ما هو غير دستوري منها.

4- تسند للمحاكم العديد من الاعمال والمسؤوليات الادارية كالأشراف على الانتخابات وفرز الاصوات.

أثرت القرارات الحكومية على عدة مجالات للمنافسة ولزيادة كفاءة الخدمات، فما هي أهم تلك القطاعات؟

في الطيران المدني: قامت الهيئة العامة للطيران بتحسين وتطوير صناعة النقل الجوي بفتح المجال أمام ناقلات وطنية الجديدة كطيران المها وطيران ناس وشركة طيران السعودية الخليجية.

في صناعة السيارات: تتوجه شركات سيارات أمريكية وكورية ويابانية لإنشاء مصانع للسيارات في السعودية لأنها تعد أكبر مستورد للسيارات وقطع الغيار.

الموضوع الثاني: قانون العمل والتأمينات والتقاعد

قانون العمل:

مقدمة:

قانون العمل هو مجموعة القواعد التي تنظم العلاقات الناشئة بمناسبة قيام شخص بالعمل لحساب آخر. ولقد نشأت فكرة قانون العمل في أعقاب الثورة الصناعية، وما ترتب على استخدام الآلات الحديثة من ظهور طبقة العمال، التي تعرضت لظلم اجتماعي فترة من الزمن نتيجة سيادة المذهب الفردي وما يقرره من حرية التعاقد لكن تقدم الصناعة وما أدى إليه من زيادة قوة الطبقة العاملة، ومناداتها المستمرة بضرورة تدخل الدولة لتنظيم علاقات العمل بصورة تحفظ للعمال حقوقهم، وتحميهم من تعسف أصحاب العمل، الأمر الذي أدى إلى إصدار تشريعات في هذا الصدد تهدف إلى حماية الطبقة العاملة، ثم ما لبثت هذه التشريعات أن كونت فرعاً مستقلاً من فروع القانون الخاص، وهو ما يطلق عليه قانون العمل. فهو يضم القواعد التي تنظم عقد العمل الفردي وعقد العمل المشترك، فيحدد ساعات العمل، وحق العامل في الإجازات الأسبوعية والإجازات السنوية بأجر، ويضع حد أدنى للأجور لا يجوز النزول عنه، ويبين أيضاً طريقة إنهاء عقد العمل دون تعسف من صاحب العمل، كذلك ينظم النقابات العمالية التي تتولى تنظيم العمال والدفاع عن مصالحهم وتغلب على معظم قواعد قانون العمل الصفة الآمرة خوفاً من تحايل أصحاب العمل على قواعد قانون العمل، وبالتالي لا يجوز الخروج عليها ولا الاتفاق على ما يخالف حكمها ولو برضاء العامل، إلا إذا كان هذا الخروج لمصلحته.

اولا قانون العمل:

كيف ظهر اول قانون للعمل؟

مع انطلاق الثورة الصناعية في بريطانيا بداية من العام 1760 تقريبًا، وازدهار طبقة الرأسماليين (رجال الأعمال أو مالكي وسائل الإنتاج) توسعت الطبقة العاملة، وتعرضت لاستغلال بشع من طرف الرأسماليين، لذلك أنشأ العمال حركة نقابية استهدفت تنظيمهم والدفاع عن حقوقهم، ومرت سنين طويلة قبل أن تدرك وتعي نقابات العمال أن الوسيلة الصحيحة والناجحة لكسب المطالب هي الإضراب الجماعي عن العمل، فالإضراب الجماعي عن العمل هو السلاح الذي يمكنهم كعمال من إجبار أصحاب العمل (رجال الأعمال) على الخضوع لمطالبهم. وبعد مقاومة من طرف رجال الأعمال (الرأسماليون) في محاولة منهم لمنع وتجريم الإضراب ومعاقبة أي تكتل نقابي يظهر بين العمال، استطاع العمال ونقاباتهم انتزاع حقوق متتالية ومتزايدة بداية من العام 1802، كانت أهم هذه الحقوق هي قيام العمال بإجبار البرلمان البريطاني بإصدار قانون يحدد ظروف العمل وساعات العمل.

وصدر في عام 1969 أول قانون عمل في المملكة، وحدّث في عام 2005

قانون العمل:

قانون العمل، عندما نسمع كلمة قانون نعلم أن القوانين لم تأت إلا لحماية حقوق الأشخاص سواء كانوا طبيعيين أو اعتباريين، وأما أذا قرأنا العمل فهو المهنة أو الحرفة أو الوظيفة، إذا قانون العمل يختص بحماية كل من حق العامل ورب العمل.

هي مجموعة القواعد القانونية التي تنظم علاقات العمل التابع والتي تنشأ بين صاحب العمل والعامل الذي يعمل تحت ادارته وإشرافه، ويبين حقوق والتزامات كل من طرفي هذه العلاقة.

تعريف القانون بشكل عام:

هو مجموعة من القواعد التي تحكم وتنظم سلوك الأفراد في الجماعة وتوفق بين مصالحهم والتي يفرض على مخالفها جزاء توقعه السلطة العامة.

ويتم تعريفه في قانون العمل السعودي:

المادة الخمسون: عقد العمل هو عقد مبرم بين صاحب عمل وعامل، يتعهد الأخير بموجبه أن يعمل تحت إدارة صاحب العمل أو إشرافه مقابل أجر.

العامل:

أطلقت عدة تسميات على العامل حسب نظرة المشرع لهذه الفئة فقد يطلق عليه لفظ عامل - Ouvrièr- او مستخدم - Employee أو أجير - Salarié أو شغيل - Travailleur أو خادم - Domestique أو متقاعد - Contractant أو إطار Cadre، والملاحظة أن العامل لا يمكن أن يكون إلا شخص طبيعي. وقد عرف قانون العمل المصري لسنة 1959 في مادته الثانية العامل أنه: « كل ذكر أو أنثى يعمل لقاء أجر مهما كان نوعه في خدمة صاحب عمل وتحت سلطته وإشرافه

«تعريف اخر للعامل: العامل هو كل شخص طبيعي يعمل لقاء أجر لدى صاحب عمل وتحت إدارته وإشرافه (مادة (1(أ)) من قانون العمل رقم 12 لسنة 2003).

لا يعتبر عاملا خاضعا لقانون العمل:

- العاملين بأجهزة الدولة بما في ذلك وحدات الإدارة المحلية والهيئات العامة.
- عمال الخدمة المنزلية ومن في حكمهم.
- أفراد أسرة صاحب العمل الذين يعولهم فعلاً.

من شروط صحة قانون العمل:

عقد العمل عقد رضائي وبالتالي لا يشترط المشرع شكلية معينة لإبرام العقد وانما يكفي التراضي بين الطرفين شرط ان يكون التراضي صادر عن ارادتين صحيحتين من الناحية القانونية وخالية من العيوب

سوف نتطرق لشروط صحة الرضا:

اولاً: خلو الرضا من عيوب الارادة وهي:

(1) الغلط
(2) التدليس
(3) الاكراه
(4) الاستغلال

ثانيا: الاهلية اللازمة لإبرام عقد العمل:

لابد من توفر كامل الاهلية لدى العامل وصاحب العمل لان عقد العمل يعتبر من التصرفات الدائرة بين النفع والضرر مع مراعاة تنظيم عمل الاحداث في نظام العمل السعودي.

جزاء تخلف شروط صحة ابرام عقد العمل إذا تخلف الرضا او انعدمت الاهلية يقع العقد باطل بطلان مطلق تخلف شرط من شروط الرضا ونقص الاهلية يجعل العقد قابل.

للأبطال مع عدم الاخلال بالالتزامات صاحب العمل والعامل التي حدثت قبل الحكم بأبطال العقد.

ثالثا: اثبات عقد العمل:

يجب أن يكتب عقد العمل من نسختين، يحتفظ كل من طرفيه بنسخة. ويعد العقد قائماً ولو كان غير مكتوب، وفي هذه الحالة يجوز للعامل وحده إثبات العقد وحقوقه التي نشأت عنه بجميع طرق الإثبات. ويكون لكل من الطرفين أن يطلب كتابة العقد في أي وقت. أما عمال

الحكومة والمؤسسات العامة فيقوم قرار أو أمر التعيين الصادر من الجهة المختصة مقام العقد.

المادة التاسعة والثلاثون بعد المائتين:

يعاقب كل من يخالف أي حكم من أحكام هذا النظام واللوائح والقرارات الصادرة بمقتضاه -فيما لم يرد بشأنه نص خاص بالعقوبة -بغرامة لا تقل عن ألفي ريال ولا تزيد على خمسة آلاف ريال.

فصول نظام العمل السعودي:

تعريفات واحكام	تنظيم عمليات التوظيف	توظيف غير السعوديين	التدريب والتأهيل
علاقات العمل	شروط العمل وظروفه	العمل لبعض الوقت	الوقاية من مخاطر العمل
تشغيل النساء	تشغيل الأحداث	عقد العمل البحري	العمل في المناجم والمحاجر
تفتيش العمل	هيئات تسوية الخلافات العمالية	العقوبات	أحكام ختامية

تعريفات في نظام العمل السعودي:

المادة الأولى: يسمى هذا النظام نظام العمل.

المادة الثانية: يقصد بالعبارات والألفاظ الآتية – أينما وردت في هذا النظام – المعاني المبينة أمامها ما لم يقتض السياق خلاف ذلك:

الوزارة: وزارة العمل، الوزير: وزير العمل، مكتب العمل: الجهة المنوط بها شؤون العمل في النطاق المكاني الذي يحدد بقرار من الوزير، صاحب العمل: كل شخص طبيعي أو اعتباري يشغّل عاملا أو أكثر مقابل أجر.

نظام العمل السعودي الجديد:

المادة الثالثة: العمل حق للمواطن، ال يجوز لغيره ممارسته الا بعد توافر الشروط المنصوص عليها في هذا النظام، والمواطنون متساوون في حق العمل.

المادة السابعة عشرة: على صاحب العمل أن يحتفظ في مكان العمل بالسجلات والكشوف والملفات التي تحدد ماهيتها، والبيانات التي يجب أن تتضمنها اللائحة

المادة السادسة والأربعون: يجب أن يكون عقد التأهيل أو التدريب مكتوبا، وأن يحدد فيه نوع المهنة المتعاقد للتدريب عليها، ومدة التدريب ومراحله المتتابعة، ومقدار المكافأة التي تعطى للمتدرب في كل مرحلة، على ألا يكون تحديدها بحال من الأحوال على أساس القطعة أو الإنتاج.

المادة التاسعة والستون: لا يجوز اتهام العامل بمخالفة مضى على كشفها أكثر من ثالثين يوما. ولا يجوز توقيع جزاء تأديبي بعد تاريخ انتهاء التحقيق في المخالفة وثبوتها في حق العامل بأكثر من ثلاثين يوماً

نظام التأمينات:

صـــدر نظـــام التأمينات الاجتماعية تاريخ 15 / 11 / 1969 م وطبق في شهر محرم 1393 هـ وطبق فرع الأخطار المهنية في 1/ 7 / 1402 هـ وعدل النظام بالمرسوم الملكي وتاريخ 3 / 9 / 1421 هـ الموافق 29 / 11 / 2000 م وبدأ تطبيقه اعتباراً من 1 / 1 / 1422 هـ الموافق 1 / 4 / 2001 م

أنشأت المؤسسة العامة للتأمينات الاجتماعية التأمينات لتقوم على تطبيق أحكام نظام التأمينات الاجتماعية فيما يتعلق بتحقيق التغطية

التأمينية الواجبة نظاماً وتحصيل الاشتراكات من أصحاب الأعمال، وصرف التعويضات للمستحقين من المشتركين أو أفراد أسره.

يعد نظام التأمينات الاجتماعية صوره من صور التعاون والتكافل الاجتماعي بحيث تدفع شركات القطاع الخاص اشتراكات للتأمينات بنسبة 22% من الأجور، يدفع صاحب العمل 12% ويدفع العامل 10% ويطبق على العاملين السعوديين فقط في القطاع الخاص، والعاملين على بند الأجور في القطاع الحكومي أما العاملين الأجانب يستقطع منهم نسبة 2% كنسبة خطر، ويتكون نظام التأمينات **من فرعين رئيسيين هما:** -

أ) **فرع الأخطار المهنية:** يقدم العناية الطبية للمصابين بإصابات عمل أوامر مهنية.

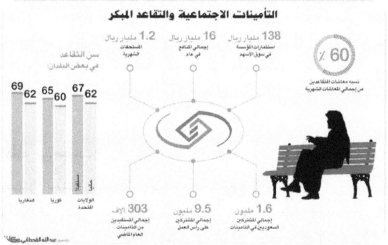

ب) **فرع المعاشات:** يكفل تقديم التعويضات في حالة العجز غير المهني، والشيخوخة، والوفاة.

كما وانه يوجد نظام تبادل المنافع: بحيث يكفل للموظف انتقاله من القطاع الخاص إلى الحكومي والعكس، ومعاملتهم حسب أحكام النظام الأخير بحيث يتمكن المشترك من الحصول على المعاش أو تحسين المعاش كما وانه يسهل حركة الانتقال بين القطاعيين العام والخاص وتبادل الخبرات بينهم ورفع معدلات السعودة في القطاع الخاص ودعم خطط الدولة.

وجميع هذه الأنظمة تصب في صالح الموظف حيث يوفر للعاملين الأريحية في عملهم بحيث انه لا يكون لديهم خوف من المستقبل بعد التقاعد ويوفر لهم ولأسرهم حياة كريمة بعد تركهم العمل بسبب التقاعد أو العجز أو الوفاة لأسمح الله.

والمؤسسة العامة للتأمينات الاجتماعية مؤسسة عامة حكومية لها استقلالها المالي والإداري ويشرف عليها مجلس إدارة مكون من أحد عشر عضواَ هم: وزير العمل رئيساَ للمجلس، ومحافظ المؤسسة نائباَ للرئيس، وثلاثة أعضاء يمثلون وزارات العمل، والمالية، والصحة، وثلاثة أعضاء من المشتركين في النظام من

ذوي الكفاءات العليا في أعمالهم، وثلاثة أعضاء من أصحاب العمل، وتزاول المؤسسة نشاطها من خلال المركز الرئيس وواحد وعشرين مكتباً في مختلف مناطق ومحافظات المملكة.

التقاعد:

يستحق المشترك صرف معاش العجز بالشروط الآتية:

1) أن يحدث العجز قبل بلوغ المشترك سن الستين، وأن يكون على رأس العمل.

2) توفر مدة اشتراك لا تقل عن 12 شهراً متصلة أو 18 شهراً متقطعة.

3) إثبات حالة العجز بمعرفة اللجان الطبية المختصة خلال 18 شهراً كحد أقصى من تاريخ انتهاء مدة الاشتراك.

4) يحسب معاش العجز غير المهني بنفس الطريقة التي يحسب بها معاش التقاعد، على ألا يقل عن مبلغ 1725 ريال أو نسبة 50% من متوسط الأجور خلال السنتين الأخيرتين أيهما أكثر.

السن القانوني للتقاعد حسب بعض الدول

بلد	سن التقاعد المبكر	سن التقاعد العادي
المملكة العربية السعودية	25 سنة خدمة	60
النمسا	60 (57)	65 (60)
الولايات المتحدة	62	67
المملكة المتحدة		65
ألمانيا	65	67
إيطاليا	63	68
سويسرا	61	67
الجزائر	25 سنة خدمة	32 سنة خدمة

الموضوع الثالث: الوضع الاقتصادي العام

إن هناك قوى اقتصادية لها تأثير على بيئة العمل الخارجية وتؤثر على قرارات ونشاطات كل من المسوقين والعملاء المستهلكين، من حيث يؤثر على نوعية البضائع المستوردة نتيجة لانعكاس ذلك على القوة الشرائية للأفراد حيث تقوم الشركة باستيراد المنتجات التي تلاءم القدرة الشرائية للزبائن والتي تلاءم أوضاع الناس الاقتصادية ويمكن من المؤثرات على البيئة الخارجية للوضع الاقتصادي هو التطور الإلكتروني وأثر التكنولوجيا على أفكار وأساليب الإنتاج وتباين مستوى التكنولوجيا لدى الدول.

نبذة عن وزارة الاقتصاد والتخطيط:

إن المملكة العربية السعودية تتمتع بتقليد راسخ في التخطيط يمتد لأكثر من أربعة عقود. وقد انطلقت مسيرة التخطيط الرسمية سنة 1390هـ (1970م) حيث هيأت السبيل للحكومة السعودية لاتخاذ قرارات حكيمة فيما يتعلق بتوزيع الموارد وتوجيهها لأغراض التنمية وقد شهدت المملكة تحولات هائلة على مدى العقود الأربعة الماضية تخللتها تسع خطط تنموية وتميزت بنمو سريع في دخل المواطنين ومستوياتهم المعيشية جنباً الى جنب مع تحسن هائل في التجهيزات الأساسية والاجتماعية.

نظرة عامة:

يشكل القطاع البترولي حوالي 45 ٪ من عائدات الموازنة، و45 ٪ من الناتج المحلي الإجمالي، و90 ٪ من عائدات التصدير. حوالي 40 ٪ من إجمالي الناتج المحلي يأتي من القطاع الخاص. وتشجع الحكومة

النمو في القطاع الخاص للتخفيف من الاعتماد المملكة على النفط وزيادة الفرص الوظيفية للعدد المتزايد من السكان. وقد بدأت الحكومة بالسماح للقطاع الخاص والمستثمرين الأجانب المشاركة في قطاعي توليد الطاقة والاتصالات. وكجزء من جهودها الرامية إلى جذب الاستثمارات الأجنبية وتنويع الاقتصاد فقد انضمت المملكة العربية السعودية إلى منظمة التجارة العالمية في عام 2005 بعد سنوات عديدة من المفاوضات.

المملكة العربية السعودية لديها اقتصاد قائم على النفط مع سيطرة حكومية قوية على الأنشطة الاقتصادية الرئيسية. وتمتلك المملكة العربية السعودية 25 % من الاحتياطيات المؤكدة من النفط في العالم، وتصنف باعتبارها أكبر دولة مصدرة للنفط، وتلعب دورا قياديا في منظمة أوبك. وفيما تتواجد مؤسسات خاصة، إلا أنه يتم تنظيمها من قبل الحكومة.

الميزان التجاري:

الميزان التجاري هو الفرق بين القيمة النقدية للصادرات والواردات من السلع في الاقتصاد خلال فترة زمنية معينة ويتضمن الميزان التجاري السلع المدفوعة نقديا أو على سبيل ميزان الائتمان. الميزان التجاري يصنف للبد على الوصف التالي [61]:

الحالة	الوصف
الصادرات في البلد تتجاوز الواردات	ميزان تجاري جيد في التجارة أو فائض تجاري
الواردات في البلد تتجاوز الصادرات	ميزان تجاري عاجز
الصادرات تساوي الواردات	ميزان تجاري متكافئ

- **الميزان التجاري السعودي[62]:**

فعلي	السابق	اعلى	أدنى	التواريخ	الوحدة	التردد	
54722.00	105473.00	454159.00	3898.00	1968-2015	مليون ر.س	فصلي	

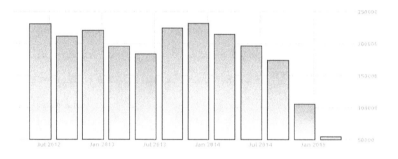

الاقتصاد السعودي:

الاقتصاد السعودي يعتبر من أكبر 20 اقتصادا ويلعب النفط دورا هاما في الاقتصاد السعودي فهو يعتبر من أكبر صادرات المملكة حول العالم وتحتل المملكة العربية السعودية المرتبة الاولى في انتاج وتصنيع النفط.

وتعمل المملكة وبشكل متواصل على تحسين الظروف الاقتصادية وتسهيلها للشركات للحصول على أفضل النتائج المتوقعة من قطاع الاعمال السعودي، فقد قامت المملكة بسن عدة انظمة ولوائح تساعد في ادارة الاقتصاد ومنع الاحتكار والتلاعب في الاقتصاد السعودي والمحافظة على الوضع الراهن.

دخول الشركات الأجنبية:

مستقبل الاقتصاد مازال مطمئناً في ظل الجهود التي تبذلها حكومة خادم الحرمين، في تحسين البيئة الاستثمارية لصالح الشركات الاجنبية، من خلال إعطائها كافة التسهيلات والحوافز التي من شأنها أن تحقق عوائد مالية لصالح الاقتصاد المحلي.

من أهم الانظمة واللوائح الصادرة:

مكافحة غسيل الاموال: هذا النظام يدخل في مكافحة غسيل الاموال الغير مشروعة والتي تأتي حصيلة تداول الاموال التي تأتي من مصادر غير مشروعة.

مكافحة الغش التجاري: صدر هذا النظام لمكافحة التلاعب في الاسعار والمحافظة على جودة وسلامة السلع والخدمات.

نظام المنافسة: يهدف النظام إلى حماية المنافسة العادلة وتشجيعها، ومكافحة الممارسات الاحتكارية التي تؤثر على المنافسة المشروعة، ويطبق على جميع المنشآت العاملة في الأسواق السعودية ما عدا المؤسسات العامة والشركات المملوكة بالكامل للدولة.

نظام العمل: يهدف النظام لإرساء منظومة تحفظ حقوق أطراف العمل بالمملكة ويحمي مصالحها بما يتماشى مع النظام الداخلي وأنظمة العمل الخارجية.

نظام الشركات: يشمل نظام الشركات كل القضايا المتعلقة بتأسيس وتنظيم ودمج وتصفية وحل الشركات.

اقتباس من لقاء الدكتور محمد بن دليم في جريدة الاقتصادية:

وعن القطاعات التي ستكون بطيئة في النمو، أوضح المختص الاقتصادي أنها سترتكز على القطاعات الزراعية، وقطاع الاتصالات، مرشحاً أن يكون القطاع العسكري من القطاعات الجاذبة

للاستثمار خلال السنوات العشر المقبلة، لأن أكثر من 25 في المائة من ميزانية السعودية هذا العام انصبت في هذا القطاع، مشيرا إلى أن كل تلك القطاعات والتخصصات ستوجد تنافسية بين المستثمرين ورجال الأعمال قريباً.

وبين القحطاني أن السعودية تمر الآن بحالة مخاض اقتصادي كبير، إذ إنها تشهد انخفاضا في أسعار النفط في الوقت الذي لم تتأثر به الميزانية، وأيضاً طرح مبادرة التحول الوطني بقيادة ولي العهد الأمير محمد بن سلمان، مبيناً أن كل تلك الأمور تطرح تساؤلات كبيرة تتعلق بمرحلة ما بعد انقطاع النفط، السؤال الذي يجعل جميع المهتمين والمتخصصين في حالة تأمل واستعداد لإبراز أهم القطاعات البديلة التي ستكون ذات قيمة مضافة إلى الاقتصاد الوطني.

تأثير الوضع الاقتصادي على بيئة العمل:
الاقتصاد يلعب دورا هاما في بيئة العمل، الاقتصاد يؤثر على الإنتاجية وأنشطة الشركة ويؤثر على جميع إمكانياتها.

التأثيرات الايجابية في ظل ظروف اقتصادية مستقرة وآمنة:
زيادة في الانتاجية وتوفر الطلب على العرض.
الشركات تستثمر في توسعة مشاريعها.
استقرار موظفين الشركة.
زيادة في الارباح.
تحسن الاوضاع الداخلية في الشركة والاهتمام بالموظفين بشكل أكبر.

التأثيرات السلبية في ظروف اقتصادية غير مستقرة وآمنة:

خفض الرواتب.

تسريح الموظفين.

عدم توسع مشاريع وانشطة الشركة.

البحث عن بديل أفضل في الانشطة التجارية والصناعات.

عدم استقرار الشركة في عملية دوران الموظفين.

برنامج التحول الوطني:

برنامج التحول الوطني هي الخطة الخماسية للمملكة العربية السعودية انشئت عام 2015، ونظم البرنامج مجلس الشؤون الاقتصادية والتنمية وترأس البرنامج الأمير محمد بن سلمان وأقيمت خلاله ورش عمل جمعت الوزراء مع شرائح متنوعة من المجتمع السعودي ضمت مسئولين ومشائخ وأعيان ورجال أعمال واقتصاديين وإعلاميين وأكاديميين.

أهداف البرنامج:

1. السماح للمرأة بالتجارة والعزم على تسهيل الإجراءات بما يحقق تذليل العقبات التي تواجهها وتحفظ حقوقها.

2. فرض ضرائب أعلى على استيراد السجائر ومواد التبغ.

3. إيقاف الدعم الحكومي عن الكهرباء والماء لأصحاب الدخل العالي والتجّار وملاك القصور والمزارع، كما سيقتصر الدعم على ذوي الدخل المتوسط فما دون.

4. حل أزمة الإسكان.

5. إطلاق حزمة من الإصلاحات الاقتصادية والتنموية.

6. إزالة المعوقات الإجرائية والإدارية والمالية وتحفيز القطاع الخاص.
7. تنويع الاقتصاد ورفع المحتوى المحلي.
8. تحفيز الاستثمارات ودعم الصادرات غير النفطية وعولمة المنشآت المحلية ودعم الاقتصاد المعرفي والابتكار والإنتاجية.
9. التوسع في الخصخصة.
10. تطوير التعليم العام والعالي.

الموضوع الرابع: العولمة

تعريف العولمة:

تعني جعل الشيء عالمي أو جعل الشيء دولي الانتشار في مداه أو تطبيقه. وهي أيضاً العملية التي تقوم من خلالها المؤسسات، سواء التجاري. والتي تكون من خلالها العولمة عملية اقتصادية في المقام الأول، ثم سياسية، ويتبع ذلك الجوانب الاجتماعية والثقافية وهكذا. أما جعل الشيء دولياً فقد يعني غالباً جعل الشيء مناسباً أو مفهوماً أو في المتناول لمختلف دول العالم. وتمتد العولمة لتكون عملية تحكم وسيطرة ووضع قوانين وروابط، مع إزاحة أسوار وحواجز محددة بين الدول وبعضها البعض.

العولمة باختصار:

العولمة: هي نظام عالمي جديد يقوم على الإبداع العلمي والتطور التقني والتكنولوجي وثورة الاتصالات بحيث تزول الحدود بين شعوب بالعالم ويصبح العالم قرية كونية صغيرة.
بمعنى اخر: انتشار النمط الأمريكي والغربي في العالم

معارضو العولمة:

هناك الكثير من معارضي العولمة الاقتصادية لما بها من مساوئ وهناك أمثلة عليها من *ناحية*:

1. **الاستغلال:** وهو استغلال الدول الكبرى لدول العالم الثالث لأخذ المواد الخام.

2. **الإسراف في الاستهلاك:** وهو جعل المواطنين تحت ضل الموجة الإعلانية وينتج عنه الإسراف وشراء الكماليات.

3. **الاقتصاد لقلة من الأقوياء:** هو السيطرة الاقتصادية والاكتناز المالي لقلة من الناس وهذه الفئة تتدرج من الاستغلال حيث أن الموارد المستخدمة لا تضاهي سعر السلعة المنتجة.

سلبيات العولمة:

1. الغاء النسيج الاجتماعي للشعوب وتدمير الهويات القومية والثقافية.
2. زيادة الدول القوية غنى وزيادة الفقيرة فقرا.
3. الاثار السلبية على البيئة من المصانع والتقدم التكنولوجي.
4. هيمنة الثقافة الاستهلاكية عند بعض الدول.
5. انتشار اعمال العنف من جراء انتشار الأفلام الهابطة الغير هادفة.
6. الاستيلاء على اقتصاد العالم من قبل الولايات المتحدة الأمريكية ازدياد نسبة الفقر والبطالة. (ماذا ترى؟)
7. القضاء على الطبقة الوسطى في العالم وأصبح هناك فقر فاحش أو غنى فاحش. (ماذا ترى؟)

إيجابيات العولمة:

1. أصبح العالم قرية كونية صغيرة.
2. ثورة المواصلات والاتصالات.
3. انتشار المعلومات بين الناس انتشار الثقافة.
4. التطور العلمي والتكنولوجي افاد في الطب والهندسة وكل مجالات الحياة.

اشكال العولمة:

العولمة الاجتماعية والثقافية:
هي زيادة الترابط بين المجتمعات وازدياد التبادل الثقافي، يمثلها التطور الهائل في المواصلات والاتصالات.

العولمة الاقتصادية:
وهي زيادة الحرية الاقتصادية وتبادل التجاري بين أصحاب العمل في انحاء العالم.

العولمة السياسية:
تتمثل في فرض الدول الغنية والقوية قوتها العسكرية على الدول الضعيفة والتدخل في قراراتها.

مؤسسات العولمة وأبرز مؤسساتها:
1/ البنك الدولي 2/ صندوق النقد الدولي 3/ منظمة التجارة الدولية

الموضوع الخامس: المنافسون

المنافسة التجارية وهي عبارة عن شركة أو مجموعة من الشركات الأخرى المنافسة التي لها نفس طبيعة العمل وتحاول أن تكسب عملاء؛ وأيضاً يمكن أن يرمز لها إلى احتمالية وجود منتجات بديلة أو دخول شركات جديدة إلى السوق.

«معجم المعاني» أي بذل كل الجهود لتحقيق التفوق

بذل شخصين أو أكثر أقصى جهد لتحقيق غرض ما وبخاصة حين يكون التفوق هو الهدف.

مفهوم المنافسة:

هي المضاربة او المزاحمة التي يفتعلها المنتجون للسلع متشابهة بقصد تصريف منتجاتهم وتحقيق أكبر ربح ممكن وكسب أفضل حصة في السوق.

هي القدرة على الصمود أمام المنافسين بغرض تحقيق الأهداف المتمثلة في الربحية، النمو، والاستقرار، الابتكار وغيرة.

أسباب التنافسية:

ضخامة السوق وتعدد الفرص في السوق العالمي.

وفرة المعلومات عن السوق ومتغيراته.

سهولة الاتصالات وتبادل المعلومات.

تعدد البدائل أمام متخذي القرارات.

تدفق نتائج البحوث والتطورات التكنولوجية.

انخفاض تأثير المحددات والقيود التقليدية.

مفهوم القدرة التنافسية:

مجموعة المهارات والتقنيات والموارد والمزايا التي تستطيع الإدارة تنسيقها واستثمارها لتحقيق أمرين:

إنتاج قيم ومنافع أكبر للعميل (Customer Value)

الاختلاف عن المنافسين (Differentiation)

تأثير التنافسية:

تحول السوق إلى سوق مشترين.

أصبحت التنافسية هي الوسيلة الوحيدة لضمان البقاء في الأسواق.

أصبح اكتساب قدرة "ميزة" تنافسية هو التحدي الأكبر للإدارة المعاصرة.

تتمثل القدرة التنافسية على النماذج التالية:

- الجودة الاعلى للمنتجات والخدمات
- الوقت الاقل في الانتاج والتسليم للعميل
- المرونة في الانتاج والتسويق وعلاقات العملاء
- العلاقات الاكفأ مع حلقات سلسلة التوزيع

انواع المنافسين:

1. المنافسين المباشرين

وفي الشركات التي تتنافس معها وجهاً لوجه للسيطرة على السوق المستهدف. وعلى الرغم من أهمية جميع المنافسين، فمن المرجح أنه يوجد منافس أو اثنان أساسيان. وهي الشركات التي تتصادم معك طوال الوقت.

2. المنافسين الآخرين

وهم من يقومون ببيع نفس منتجاتك. ولكن في مناطق أخرى من السوق، في بعض الأحيان؛ يكون هذا المنافس هو الشركات الدولية، وفي بعض الأحيان الأخرى يكون الشركات التي تبيع في شرائح مختلفة. فعليك أن تراقب هذه الشركات حيث يمكنهم الانتقال إلى السوق الذي تستهدفه في أي وقت.

3. المنافسين غير المباشرين

وهم ليسوا منافسون بالمعنى الحرفي للكلمة ولكنها الطرق الأخرى التي يمكن أن ينفق فيها عميلك المحتمل ماله. بدلاً من أن يشتري منتجاتك.

العوامل المؤثرة في البيئة التنافسية:

عدد المنافسين القائمين.

ضخامة عمل هؤلاء المنافسين.

حصة التجارة لكل منافس.

مقدار نجاح هذه الشركات.

طريقة تسعيرهم لمنتجاتهم.

تحليل قوى التنافس:

من الضروري معرفة مكونات المؤسسات الرئيسية واتجاهاتها المستقبلية؛ حتى يمكن التأثير فيها وتحديد آثارها السلبية. فلم تعد المؤسسات تواجه منافسين ينشطون في نفس قطاع نشاطها فحسب، بل تعدّاه إلى قوى أخرى بمقدورها التأثير على مردودية القطاع إيجابيًا أو سلبيًا؛ وتسمى هذه القوى بقوى التنافس.

القوى التنافسية الخمسة لمايكل بوتر:

1. الداخلين الجدد والمحتملين.
2. الموردون.
3. شدة المزاحمة بين المؤسسات.
4. العملاء.
5. المنتجات البديلة.

الموضوع السادس: المؤسسات الحكومية

تعريف المؤسسة:

وفقاً لـ"ماكس ويبر" فإن المؤسسة تعني "تجمع أفراد يعملون مع بعضهم في إطار تقسيم واضح للعمل من أجل إنجاز أهداف محددة وتتميز هذه العلاقة بطابع الاستمرارية"، في حين عرفها "ريتشارد هودجتس" بقوله "توزيع الواجبات والتنسيق بين كافة العاملين بشكل يضمن تحقيق أقصى درجة ممكنة من الكفاية في تحقيق الأهداف المحددة.

المقصود بالمؤسسات الحكومية:

"هي تلك القطاعات التي تكون مملوكة للدولة إما أن تكون استثمارية ربحية، أو استثمارية خيرية وهي التي تخدم المجتمع ولا يمتلكها أفراد وتشرف عليها الدولة وتتكفل برواتب موظفيها".

وأصبح تحسين بيئة العمل أحد أهم الخيارات للأجهزة الحكومية ومؤسسات القطاع الخاص من أجل الوصول إلى أفضل مستويات الأداء، وأعلى القدرات الإنتاجية، ويرى أن كثيراً من المختصين في مجال الأداء وتحسينه يتفقون على أن لبيئة العمل أثراً جوهرياً على أداء الموظف.

والأكثر تعقيدا في أنشطة الأعمال الحكومية في المملكة هو النظم البيروقراطية الحكومية غير الكفؤة الأمر، والتي تتسم بالمركزية في العمل الأمر الذي يعكس شعور قطاع الأعمال الخاص بأن الروتين الحكومي يعقد بيئة الأعمال في المملكة ويعطل نشاط القطاع الخاص بشكل عام، وتلعب الحكومة الإلكترونية دور كبير في تنشيط العلاقات العامة في بيئة الأعمال.

أنواع المؤسسات الحكومية في المملكة:

المؤسسة العامة للتأمينات الاجتماعية:

هي: مؤسسة عامة حكومية لها استقلالها المالي والإداري ويشرف عليها مجلس إدارة مكون من أحد عشر عضواً هم: وزير العمل رئيساً للمجلس، ومحافظ المؤسسة نائباً للرئيس، وثلاثة أعضاء يمثلون وزارات العمل، والمالية، والصحة، وثلاثة أعضاء من المشتركين في النظام من ذوي الكفاءات العليا في أعمالهم، وثلاثة أعضاء من أصحاب العمل، وتزاول المؤسسة نشاطها من خلال المركز الرئيس واثنين وعشرين مكتباً في مختلف مناطق ومحافظات المملكة.

المرجع: موقع المؤسسة العامة للتأمينات الاجتماعية.

علاقة المؤسسات الحكومية بالشركات تنقسم إلى عدة أقسام:

القسم الأول: هو عمل المؤسسة الحكومية كمشرع للشركة وذلك مثل وزارة التجارة ووزارة الصناعة وغيرها حيث تضع المؤسسة الحكومية القوانين التي تسمح للشركة بمزاولة العمل التجاري.

القسم الثاني: هو تنظيم عمل الشركة وذلك مثل هيئة الاتصالات وتقنية المعلومات وغيرها من الهيئات التي تقنن كيفية عمل الشركات مع المنافسين ومع العملاء بوضع آليات منظمة.

القسم الثالث: هو أن تلعب المؤسسة الحكومية دور المورد للشركة بخدمات تختص المؤسسة في تقديمها وذلك مثل البريد أو الماء حيث تكون العملية بين المؤسسة الحكومية والشركة هي عملية تجارية بحتة.

القسم الرابع: هو أن تلعب المؤسسة الحكومية دور العميل للشركة، وذلك مثل أن تقوم شركة ما بتركيب الأنظمة الحاسوبية لمؤسسة حكومية، أو أن تقوم شركة ما بتقديم خدمات استشارية لمؤسسة حكومية.

القسم الخامس: هو أن تكون المؤسسة الحكومية الداعمة للشركة ويتضح ذلك بشكل أكبر عند قيام الشركة بمنافسة شركات أخرى خارج بلدها الأم، حيث تقوم المؤسسات الحكومية مثل السفارات ووزارة التجارة بدعم تلك الشركات.

الموضوع السابع: الموردون، العملاء، المساهمون

المقدمة:

يضم مصطلح أصحاب المصلحة عادة كافة الأشخاص والكيانات التي تساهم في قيمة الشركة أو تتأثر بأعمالها وتتمثل في جميع الأطراف من ذوي العلاقة بالشركة مثل الموردون والعملاء والمساهمون.

الموردون:

الموردين ضرورة لأية شركة للبيع بالتجزئة. اعتمادا على اختيار وكميه المخزون الخاص بك، قد تحتاج إلى القليل أو العشرات من الموردين. أحيانا يتصل الموردون بك عن طريق مندوبي المبيعات، ولكن في كثير من الأحيان، وخاصة عندما تكون في بدأيه مشروعك، سوف تحتاج إلى البحث عنهم بنفسك -إما في المعارض التجارية وصالات العرض واسواق الجملة، أو من خلال دليل المشترين، الغرف التجارية والصناعية، و، في المجلات التجارية، أو مواقع الويب. الخ.

تعريف الموردين:

المورد هو أي شخص طبيعي أو اعتباري يقوم بتوفير احتياجات المنشأة من خامات ووقود أو منتجات وسيطة أو منتجات تامة الصنع سواء كان شخص عادي أو منشأه أو شركة قطاع خاص أو عام.

تعريف آخر للموردين:

كافة الجهات الخارجية التي تقوم بتزويد المنظمة بالموارد اللازمة للقيام بأعمالها.

العوامل المؤثرة في اختيار الموردين:

1. كلفة الخدمة مثل كلف التوصيل وشروط السداد
2. الاداء المالي مثل المرونة في اعداد القوائم والدفع والاستقرار المالي
3. الاداء التشغيلي مثل جودة الخدمة واداء التسليم
4. سمعة المورد مثل الحصة السوقية والعلامة التجارية
5. العلاقات طويلة الاجل
6. الموقع الجغرافي للمورد
7. الصدق والالتزام بالعقد

يمكن تقسيم الموردين إلى أربع فئات عامة:

1. الشركات المصنعة: معظم تجار التجزئة يشترون عن طريق موزعين مستقلين أو مندوبي المبيعات لمصنع معين، او المندوبين الذين يتعاملون مع منتجات شركات مختلفة. الأسعار من هذه المصادر عادة ما تكون أقل، الا إذا كان موقع تاجر التجزئة يجعل الشحن مكلف.

2. الموزعين: المعروفون أيضا باسم السماسرة وتجار الجملة أو والموزعين المعتمدين للمنتجين، الذين يقوموا بشراء كمية كبيره من البضائع من العديد من الشركات المصنعة ثم يخزنوها للبيع لتجار التجزئة بالكميات المناسبة لهم. على الرغم من أن أسعارهم أعلى من الشركة المصنعة، فإنها يمكن أن تزود تجار التجزئة بالطلبات الصغيرة من مجموعة متنوعة من الشركات المصنعة. (بعض الشركات المصنعة ترفض البيع بكميات صغيرة.) انخفاض فاتورة

الشحن السريع والتسليم في الوقت المحدد من موزع قريب، يعوض ارتفاع السعر.

3. الحرفيين المستقلين: يقوم بالتوزيع الحصري للإبداعات الفريدة من نوعها الحرفيين المستقلين، الذين يبيعون من خلال ممثلين عنهم أو في المعارض التجارية.

4. المستوردين: العديد من تجار التجزئة يشتروا السلع الأجنبية من المستورد المحلي، الذي يعمل مثل الكثير من تجار الجملة. أو، وهذا يتوقف على معرفتك بالمصادر في الخارج، قد ترغب في السفر إلى الخارج لشراء السلع بنفسك. المورد الجاد يقوم بتوفير السلع أو الخدمات المطلوبة بأنسب الأسعار، في الأوقات المحددة لاحتياجات العمل.

بمجرد الانتهاء من تجميع قائمة الموردين المحتملين، اطلب منهم عروض بيع أو مقترحات، مع الأسعار والخصومات المتاحة، وشروط التسليم والعوامل الهامة الأخرى. لا تنظر فقط للشروط؛ تحقق من حالة المورد المالية أيضا. واطلب منه بعض اسماء العملاء الذين يتعامل معهم؛ اتصل بهؤلاء العملاء لمعرفة مدى التزام المورد وأداءه. إذا كانت هناك أي مشاكل، اطلب معرفه التفاصيل حول كيفية تعامل المورد معها.

مراحل اختيار المورد المناسب:
1. المسح العام
2. جمع المعلومات والبيانات
3. التفاوض
4. التعاقد
5. المستوردين

العناصر الأساسية لاختيار المورد:

- **السعر:**

إذا كنت تبدأ عمل تجاري جديد، أحد الاعتبارات الرئيسية لاختيار الموردين هو القدرة على تحمل التكاليف. إذا كنت تركز على ادارة اموالك، المورد بأسعار تنافسية هو خيارا جذابا. ومع ذلك رخص الثمن لا يمثل دائما أفضل قيمة مقابل المال. إذا كان هناك شك في جودة المنتج من المورد أو خدمة رديئة، قد تتكبد تكاليف إضافية للمرتجع والتبديل، وخطر فقدان العمل مع أي تأخير في التسليم. إذا قررت تمرير نوعية رديئة إلى الزبائن، فإنك تجازف بتدمير سمعة عملك.

- **المصداقية:**

يجب أن تضع في الاعتبار المصداقية كعامل رئيسي في اختيار الموردين. مورد موثوق به هو الذي يقوم بتسليم البضائع أو الخدمات الصحيحة في الوقت المناسب، وبالسعر المناسب. كبار الموردين بشكل عام يمكن الاعتماد عليهم لأن لديهم ما يكفي من الموارد والنظم المعمول بها للتأكد من أنهم يمكن أن يحققوا المطلوب حتى لو حدث أسي طارئ. ومع ذلك، يمكنك تكوين علاقة أوثق مع صغار الموردين -وخاصة إذا كنت العميل الرئيسي لهم. في هذه الحالة قد يستجيب أيضا المورد للطلبات المختلفة، مثل طلبات العاجلة.

- **الاستقرار:**

البحث عن الموردين ذوي الخبرة الذين كانوا في مجال الأعمال التجارية لفترة طويلة. الاستقرار هو المهم، وخاصة إذا كنت ستدخل في عقد طويل الأجل مع مورد أو أنه هو المورد الوحيد لعنصر معين تحتاجه لعملك. تحقق ايضا من موقفه المالي لتتأكد من قدرته على التوريد بالجودة المطلوبة وفي الوقت المحدد.

- **الموقع:**

قرب المورد من منشأتك عنصر مهم في اختيار المورد. التعامل مع مورد بعيد يعني أوقات أطول للتسليم وتكاليف شحن إضافية. إذا كنت بحاجة الى شيء بسرعة، يكون المورد المحلي خيارا أفضل. لكن يجب التأكد من التحقيق في سياسات الشحن للموردين البعيد فقد يمكن ان تكون منخفضه. الطلبات الكبيرة، على سبيل المثال، قد تحصل على شحن مجاني أو ان تعمل على الجمع بين طلبيتين مختلفتين لخفض التكاليف

- **مجموعات الموردين:**

بينما استخدام مورد واحد له مزاياه (على سبيل المثال يمكنك تطوير علاقة تجارية وثيقة تفيد الطرفين) الا انها لديها مخاطرها ايضا. إذا المورد الخاص بك توقف عن العمل لسبب ما، أو لا يمكنه أن يورد المطلوب، سوف يعاني عملك. قد تكون فكرة أفضل ان تستخدم مجموعة مختارة بعناية من الموردين كتأمين ضد أي عوائق او مشاكل تحدث.

كيفية تأثير الموردين على منشأتك:

الجودة: التوريد يمكن يؤثر سلبا أو إيجابا على نوعية المنتج الخاص بك. الجودة العالية تزيد رضا العملاء وتقلل من المرتجعات، وهو ما يضيف إلى عائداتك والى سمعتك.

الوقت المناسب: تسليم في الوقت المناسب ضروري لنظره العملاء لمصداقيتك. ويمكن لسرعه التوريد ان تصبح مفتاح تقليل المخزون لديك، والذي يترجم بدوره في تقليل الخطر من تقادم المخزون وانخفاض النقدية لتقييدها في مخزون لا يتحرك.

القدرة التنافسية: يمكن للمورد ان يظهرك على منافسيك على أساس التسعير والجودة، والمصداقية، ومواكبه الطفرات التكنولوجية ومعرفة اتجاهات الصناعة.

الابتكار: الموردون يمكن تقديم مساهمات كبيرة في تنمية المنتج الجديد. تذكر، انهم يعيشون منتجاتهم أكثر مما تفعل انت، لذلك ممكن أن تكون في طليعة منافسيك بالابتكارات الجديدة للمنتجات. والجيد انهم يفهموا طبيعة منشأتك، والصناعة، والاحتياجات، مما يمكنهم من مساعدتك على تنفيذ افكارك الجديدة.

التمويل: إذا كنت قد اثبت التزامك في السداد وجديتك في العمل مما زاد من حجم تعاملاتك مع المورد، قد تكون قادرا على الاستفادة من الموردين للحصول على تمويل إضافي -إذا واجهت نقص في السيولة. التمويل قد يأخذ شكل الشراء بالأجل، عند التوسع في مشتريات جديدة، أو استثمار في تجارتك لتحسين الموقف النقدي لديك.

الشراكة مع الموردين:

هي علاقة عمل بين المنظمة والمورد مبنية على أساس المصالح المشتركة بين الطرفين ويسري مفعولها لفترة طويلة من الزمن، وتبنى هذه العلاقة على أساس من الصدق والثقة المتبادلة.

العملاء:

تعريف وانواع العملاء:

مفهوم العميل: هو المشتري الحالي او المشتري المتوقع الذي يحتاج الى المنتج او لديه القدرة او الرغبة في شراؤه.

العميل: العميل هو الشخص الذى يعطيك المال مقابل خدمة او سلعة تقدمها له فان رضى بها

جاء مرة اخرى وارسل لك عملاء اخرون والا سيتركك لمن هو افضل منك.

انواع العملاء:

1. **العميل الداخلي:** وهو المستخدم التالي لما هو منتج من الوحدة المعنية، مثل المراحل والاقسام الانتاجية داخل المنظمة.
2. **العميل الخارجي:** وهو الذي يكون خارج المنظمة ويقوم بشراء المنتج او لديه الرغبة في شراؤه.

ويمكن تصنيف العميل الخارجي الى صنفين:

مشتري صناعي: هو الفرد او الجهة التي تقوم بشراء المنتج ليس من اجل الاستهلاك، بل لاستخدامه في عملية انتاج منتج اخر.

مستهلك نهائي: هو الذي يشتري المنتج لغرض الاستعمال او الاستهلاك.

اساليب الاستماع للعميل:

1- **المقابلة الشخصية:** وهي ادق وسيلة للحصول على المعلومات

2- **الاستبانات:** وهي اكثر الطرق استخداما لجمع المعلومات

4- **نظام الاقتراحات:** وذلك من خلال صندوق الشكاوي والاقتراحات.

قيمة العميل:

أصبح التطور في المفاهيم البيئة ضرورة ملحة وبدأ يتغير معه جميع الأنشطة التسويقية وأصبح توجه التسويق نحو بناء علاقة ترابط مع الزبون الخارجي ليتسنى للمنظمة تحقيق قيمة معينة للزبون.

المبادئ الاساسية لخدمة العملاء:

1. التلبية الفورية
2. الدقة في التعامل
3. ابداء المودة
4. الانصات الى العميل
5. حق العميل في الاعتراض

عناصر قيمة العملاء

هنالك عنصرين أساسين وكما جاء بها Kotler لأجل تكوين القيمة للعميل فأنها تقسم إلى جزئيين وهما:

1- القيمة الكلية للزبون: وهي حزمة من منافع الزبون التي يحصل عليها من المنتج وهذه تنقسم إلى الآتي:

أ. **قيمة السلعة**: ويقصد بها الخصائص المادية للمنتج نفسه ويمكن أن تتضمن (الأداء، المعولية، المطابقة، المتانة، الجمالية) وفي بعض الأحيان يطلق عليها تسمية أبعاد الجودة.

ب. **قيمة الخدمة**: هنا لابد التميز في تقديم الخدمة ويمكن أن تتضمن (الحسابات والائتمان، تسهيلات الطلب، التسليم، التنصيب، خدمات ما بعد البيع، الضمان).

ج. **القيمة الشخصية**: أصبح أفراد المنظمة مصدراً مهماً لتحقيق التميز وبشكل خاص في التسويق الموجه نحو الخدمة والجودة العالية نسبياً للخدمات الشخصية هي صعبة التقليد من قبل المنافسين لأنها تعتمد على ثقافة المنظمة ومهارات الإدارة وتتضمن الآتي: (الاحتراف، الكياسة والمجاملة، الثقة، المثابرة، المعقولية).

د. **قيمة المكانة الذهنية**: المكانة الذهنية هي طريقة ملائمة للإشارة إلى مجموعة متآلفة من المكافأة النفسية التي يستلمها الزبون من الشراء، تملك استهلاك المنتج وتبرز المكانة الذهنية من خلال الرسالة الإعلامية أو من خلال التعبئة.

2-الكلفة الكلية للزبون (Total Customer Cost): وتقسم هذه الفقرة إلى الآتي:

أ) **الكلف النقدية**: السعر هو القيمة التبادلية للمنتجات وعلى أساسه تحدد قيمة المنتج التي سيحصل عليها الزبون.

ب) **كلف الوقت (Time Cost)**: بعض الزبائن يعدون كلفة الوقت أعلى من الكلف النقدية وهذا يظهر بوضوح لدى الزبائن الذين يرغبون بأن يكون لديهم وقت ضائع.

ج) **كلف المجهود (Energy Cost)**: وهو الجهد الذي يقوم به الزبون للحصول على المنتج. إذ يعد كلفة يدفعها الزبون.

د) **الكلف ال نفسية(Psychic cost))**: تتضمن الكلف النفسية التعامل مع أفراد جدد والحاجة لفهم الإجراءات الجديدة والمجهود المبذول من أجل التكيف مع الأشياء الجديدة وكذلك قد يصاحبها نوع من الإحباط لدى الزبون في حالة عدم إضافة قيمة له عن اقتناءه منتج معين.

المساهمون:

المساهم أو حامل السهم هو متداول أو مستثمر يمتلك بشكل قانوني حصة من الأسهم في شركة خاصة أو عامة، قد يكون المتداولون والمستثمرون أفراد، كما يمكن أن يكونوا أيضاً مؤسسات مالية أو شركات أخرى.

إحدى فوائد حملة الأسهم هو تقديم رأس المال اللازم للشركات، كما يحدث أثناء عمليات الطرح الاولي للاكتتاب.

ويعرف ايضا: هو الشخص أو الشركة الذين ساهموا في رأس مال الشركة، أو حصلوا على أسهم في الشركة المساهمة بالطرق المعترف بها قانونا.

يتمتع المساهم بميزات خاصة تعتمد على نوع السهم الذي يحمله. ومن تلك الحقوق:

1. حق التصويت عند اختيار مجلس إدارة الشركة. وفي العادة يكون لكل مساهم صوتا عن كل سهم، وفي بعض الأحيان لا يكون له هذا الحق تبعا لنوع السهم الذي يمتلكه،
2. حق التصويت في قرارات المساهمين،
3. حق المشاركة في حصص الأرباح،
4. حق شراء أسهم جديدة للشركة،
5. يكون له نصيب في ممتلكات وموجودات الشركة عند إشهارها الإفلاس.

إذا هم أصحاب رؤوس الأموال في الشركات لذلك هم يميلون إلى فهم طبيعة العمل في الشركة كما يهمهم مشكلات الشركة وأساليب حلها وان يدرسوا قوانينها. هذا وتقوم سياسة الشركة بالنسبة للمساهمين على أساس تامين مصالحهم وتشجيعهم على إبداء أراءهم والنظر إليها بعين الاعتبار، كما تنطوي سياستها على الإيمان بضرورة إعلام المساهم بأحوال الشركة والبيانات اللي تصدر إلى خارج المنظمة.

انواع المساهمين:

المستثمر طويل الأجل:

وتجد هذا المساهم يقوم بالشراء في فترات طويله نسبيا ومتباعدة ويهدف إلى الحصول على ربح الشركات غالبا دون النظر إلى فوارق الأسعار طموح ربحه يكون قليل تقريبا 5% إلى 10% سنويا نسبة المخاطرة لديه قد تكون معدومة أو قليله جدا.

المستثمر قصير الأجل:

شرائه يكون في فترات متقاربه قليلا وغالبا تجد هدفه بين الأرباح للشركات وبين الشراء لفتره وتحين فرصة سعر مناسب يقوم في البيع فيه طموح ربحه من 10% إلى 40% سنويا نسبة المخاطره لديه تعتبر عاديه إلى خطره.

المضارب:

شرائه يكون سريع مع متابعه سريعة لأي تغير يحدث يهدف إلى الربح عن طريق الفوارق السعرية لاسهم الشركات والاستفادة منها قدر المستطاع طموح ربحه من40% وأكثر سنويا نسبة المخاطرة لديه تكون عالية جداجدا وكلما زادت حدة المضاربة زادت نسبة الخطورة.

حقوق المساهمين:

1. حق التصويت عند اختيار مجلس إدارة الشركة. وفي العادة يكون لكل مساهم صوتا عن كل سهم، وفي بعض الأحيان لا يكون له هذا الحق تبعا لنوع السهم الذي يمتلكه،
2. حق التصويت في قرارات المساهمين،
3. حق المشاركة في حصص الأرباح،
4. حق شراء أسهم جديدة للشركة،
5. يكون له نصيب في ممتلكات وموجودات الشركة عند إشهارها الإفلاس.

الفرق بين المساهمين والملاك:

ان المساهمين او المستثمرين الذين لديهم نسبة اسهم بسيطة في الشركة ليس لهم حق التصويت او اختيار مجلس الادارة او اتخاذ القرارات الادارية وانما لهم نسبة من الارباح بخلاف الملاك او الذين يملكون نسبة عالية من اسهم الشركة لديهم الحق في التصويت واختيار مجلس الادارة واتخاذ القرارات الادارية.

الموضوع الثامن: المؤسسات المالية (البنوك)

هي عبارة عن آلية انشأت بواسطة المجتمع تعمل كقناة وصل بين الادخار والخدمات المالية من جهة والافراد والمؤسسات التي لديها القدرة على دفع ثمن تلك الخدمات من جهة اخرى.

تعريف المؤسسة المالية: هي منظمة وسيطة تقدم الخدمات المالية وتعالج المعاملات المالية لعملائها.

نشأة المؤسسات المالية (البنوك):

اعتبر الصياغ والصيارفة النواة الاولى لميلاد البنوك التجارية حيث كانوا يقبلون الاحتفاظ بأموال التجار ورجال الاعمال واصحاب النفوذ كودائع لحفظها من الضياع والسرقات مقابل ايصالات.

وقام هؤلاء الصيارفة تدريجيا بتحويل الودائع من حساب مودع الى حساب مودع اخر سدادا للمعاملات التجارية وكان قيد التحويل يتم بحضور الدائن والمدين.

منذ القرن الرابع عشر سمح الصياغ والصيارفة لبعض عملائهم بالسحب على المكشوف وهو ما يعني سحب مبالغ تتجاوز ارصدتهم مما أدى ذلك الى افلاس عدد من المؤسسات مما دفع عدد من المفكرين في القرن السادس عشر الى الطالبة بإنشاء اول بنك حكومي في البندقية.

أنشئ اول بنك في البندقية تحت اسم " Banco Delja Piazza Di Rialta" عام 1587. ثم بنك امستردام " Bank Of Amsterdam " سنة 1609 م.

وكان الغرض الاساسي للبنوك حفظ الودائع وتحويلها عند الطلب من حساب مودع الى آخر. والتعامل في العملات.

ومع التطورات الاقتصادية لاحظ الصيارفة ان الذهب والاموال المودعة عندهم زادت وتراكمت وهنا بدأ التفكير في استثمارها ولو جزئيا مقابل فائدة.

ازداد عدد البنوك بشكل تدريجي مع بداية القرن الثامن عشر...والى يومنا هذا.

➤ أنواع المؤسسات المالية(البنوك):

1- البنوك المركزية:

يعتبر البنك المركزي قلب الجهاز المصرفي، فهو يشرف على النشاط المصرفي بشكل عام، ويقوم بإصدار أوراق النقد، ويعمل على المحافظة على استقرار قيمتها، وهو "بنك الحكومة" حيث يتولى القيام بالخدمات المصرفية للحكومة ويشاركها في رسم السياسات النقدية والمالية.

2- المصارف التجارية:

وقد سميت "مصارف الودائع" حيث تمثل الودائع المصدر الأساسي لمواردها إذ تقوم بقبول أموال المودعين التي تستحق عند الطلب أو بعد فترة من الزمن، كما تقوم بمنح التجار ورجال الأعمال والصناعة قروضًا قصيرة الأجل بضمانات مختلفة.

3- مصارف الاستثمار:

وقد سميت أيضًا "مصارف الأعمال" والغرض من هذه المصارف هو معاونة رجال الأعمال والشركات الصناعية التي تحتاج إلى الأموال النقدية لزيادة قدرتها الإنتاجية.

4- المصارف الصناعية:

ويتولى المصرف الصناعي "مصارف التنمية الصناعية" منح المنشآت الصناعية القروض طويلة ومتوسطة وقصيرة الأجل، كما يقوم بتمويل المشروعات الصناعية الجديدة والمساهمة في إنشائها وإقراض المشروعات القائمة.

5- المصارف العقارية:

وتقوم هذه المصارف "مصارف التنمية العقارية" بتقديم القروض طويلة وقصيرة الأجل لملاك العقارات المبنية بضمان الأراضي والمباني، وللملاك الزراعيين بضمان الأراضي الزراعية. وتستحق أقساط القروض عادة سنويًا. وتشمل مصادر أموالها عادة رأسمالها واحتياطياتها وحصيلة ما تصدره من سندات لا تجاوز التزامات المقترضين منها.

6- البنوك الإسلامية:

ويمكن أن تسمى أيضًا "بنوك غير ربوية" أو البنوك التي لا تتعامل بالفائدة، أو البنوك التي تقوم على مبدأ التمويل بالمشاركة والمساهمة في تأسيس الشركات والمرابحة والإجارة والمضاربة الشرعية وغير ذلك من العمليات المالية المطابقة لأحكام الشريعة الإسلامية.

المؤسسات المالية(البنوك):

المؤسسة المالية هي منشأة أعمال تتمثل أصولها في أصول مالية مثل القروض والأوراق المالية، بدلا من المباني والآلات والمواد الخام، والتي تمثل الأصول في الشركات الصناعية، كذلك تتمثل خصومها في خصوم مالية مثل المدخرات والودائع بأنواعها المختلفة.

كما تعتبر المؤسسات المالية حيوية للاقتصاد، لذلك تعتبر أحد المكونات الأساسية لنمو الاقتصاد.

تعريف النظام المالي:

هي وحدات مالية او مصرفية تقوم بتجميع المدخرات من الأفراد والمشروعات او الحكومات وتضعها تحت تصرف هذه الوحدات حيث انها تربط بين قطاعات الادخار وقطاعات الاستثمار.

علاقة المؤسسات المالية بالنظام المالي:

يعتبر الوسطاء الماليون والمؤسسات المالية جزء هام من النظام المالي الذي يخدم المجتمع حيث يقدم النظام المالي العديد من الخدمات والتي لا يستطيع الاقتصاد العمل بدونها، وتتمثل هذه الخدمات فيما يلي:

أولاً: الائتمان:

حيث يقدم النظام المالي الائتمان لمشتري السلع والخدمات كما يمول الاستثمارات الرأسمالية مثل أعمال الإنشاء والبناء. فالاستثمارات تزيد من إنتاجية المجتمع وأيضا تمكن من رفع المستوى المعيشي للأفراد.

ثانياً: الدفع

يقدم النظام المالي أنظمة للدفع مختلفة مثل النقدية والحسابات الجارية ويساهم في عمليات الإيداع والسحب، حيث أصبح الاتجاه الآن التحول إلى الوسائل الإلكترونية في الدفع.

ثالثاً: توفير النقود

حيث يقدم النظام المالي من خلال الائتمان والدفع بتوفير النقود حيث تعتبر النقود وسيلة للتبادل تجنبنا من المقايضة وعيوبها كما هي مصدر للتعبير عن القيمة.

رابعاً: الادخار

يشجع النظام المالي على الادخار وتدفق الأموال إلى استثمارات مختلفة، فإذا احتاج المقترض إلى أموال إضافية فالنظام المالي يرسل إشارة إلى المدخرين وذلك من خلال رفع معدلات الفائدة والتي تشجع ال مدخرين على زيادة مدخراتهم، وإذا انخفضت حاجة المقترضين انخفضت معدلات الفائدة.

المؤسسات المالية الدولية:

هي منظمات حكومية دولية دائمة، ذات إرادة ذاتية وشخصية قانونية مستقلة، تنشئها مجموعة من الدول بقصد تحقيق أهداف مشتركة، يحدّدها، ويبين كيفية الوصول إليها الاتفاق المنشئ للمؤسسة. وتهدف هذه المؤسسات التي أُنشأ معظمها بعد الحرب العالمية الثانية - إلى تمويل المشروعات الحكومية والخاصة، وتشجيع الاستثمارات الدولية وتسهيل تدفق رؤوس الأموال وتأمين حرية انتقالها وتثبيت سعر الصرف وتحقيق التوازن في ميزان المدفوعات.

هناك حالياً عدد كبير من المؤسسات المالية الدولية منها:

الاسم	عام التأسيس
صندوق النقد الدولي	1944
البنك الدولي للإنشاء والتعمير	1944
مؤسسة التمويل الدولية	1956
مؤسسة التنمية الدولية	1960
المركز الدولي لتسوية المنازعات الاستشارية	1966
وكالة ضمان الاستثمار متعدد الأطراف	1988
الاتفاقية العامة للتعرفة الجمركية والتجارة، والتي كانت وراء تأسيس منظمة التجارة العالمية في عام 1995	1994

الخدمات المالية:

هي عبارة عن خدمات اقتصادية تؤديها البنوك للمؤسسات المالية التي تشمل طائفة واسعة من المؤسسات التي تدير الأموال بما فيها الاتحادات الائتمانية والبنوك وشركات بطاقات الائتمان وشركات التأمين وشركات التمويل وشركات المضاربة المالية وشركات إدارة الاستثمارات وبعض الشركات التي تمولها الحكومات ويعتبر قطاع التأمين أحد دعائم قطاع الخدمات المالية وذلك من خلال توفير آليات تحويل المخاطر والتشجيع على الادخار ولعبت البنوك دوراً رئيسياً في تطوير الصناعات وخاصة في قطاع المواد البتر وكيماوية، من خلال عمليات التمويل غير المحدود وتقديم المساندة للمشاريع الصناعية وتقديم العديد من القروض للمشاريع

الجديدة القائمة وتساعد على رفع كفاءة وجودة الخدمات أو المنتجات المقدمة.

وأيضا توفر البنوك الخدمات الاستشارية والتمويلية المتعلقة بإنشاء وتوسع المشاريع الصناعية والقروض التجارية والقروض التمويلية بالإضافة إلى التمويل القصير الأجل اللازم لرأس المال العامل وبالإضافة إلى الأدوات الخاصة بالحماية من أخطار تقلبات العملات وتقدم أيضا البنوك التمويل للمشاريع خلال مراحلها المختلفة من إنشاء وتشغيل وصيانة. ويغطي هذا التمويل خطابات الضمان المختلفة وخصم الفواتير وتوفير الاعتمادات المطلوبة لتمويل الواردات.

يتضح جليا بأن للبنوك لها تأثير قوي على أن يتم عمل الشركات وهذا التأثير يقودنا إلى دراسة وفهم شروط ومتطلبات ومعاملات المؤسسة المالية، حيث لا يمكن أن تحقق الشركات طموحاتها إلا بوجود دعم مالي وضمانات بنكية تضم استقرار واستمرار عمل هذه الشركات. لذا لزم على الشركات الحرص والاهتمام بميزانيتها من خلال مكاتب محاسبيه معتمدة لضمان العلاقة الاحترافية بينهما وبين البنوك.

القروض:

أن الخدمات البنكية التي تقدمها البنوك من قروض طويلة الأجل أو قصيرة الأجل تكون مرتبطة مع معدل الفائدة فعندما يقل نسبة معدل الفائدة يزيد الطلب على القروض من الشركات فيزيد توسع الشركات في نطاق الاستثمار، وتعد القروض وسيلة لاستخدام القوة الشرائية المستقبلية المتوقعة في الوقت الحاضر قبل أن يتم اكتسابها بالفعل.

الموضوع التاسع: مستوى التعليم

لا شك أن زيادة عدد الأفراد المتعلمين وارتفاع مستوى التعليم له تأثيره الواضح على المنظمة فارتفاع مستوى التعليم يمكن الأفراد من الحصول على دخل أفضل والذي يؤدي إلى زيادة القوة الشرائية المتاحة لهم ومن ثم زيادة الطلب على بعض السلع.

يرجع الاهتمام بموضوع اقتصاديات التعليم كفرع جديد مستقلّ من فروع علم الاقتصاد إلى أوائل الستينيات من القرن العشرين، حيث بدأ الاقتصاديون يربطون بين الاتفاق على التعليم من ناحية ومعدلات النمو الاقتصادي من ناحية أخرى، وأخذت النظرة تجاه الاستثمار في التعليم تتغير وتعتبر الإنفاق على التعليم كنوع من الإنفاق الاستثماري، لما يترتب عليه من زيادة مهارات وقدرات الأفراد، وبالتالي ارتفاع مستوى الإنتاج القومي.

اهم العوامل الثقافية والتعليمية المؤثرة على المنظمة:

- مستوى الأمية: (مدى انتشارها – أثرها على تكوين سلوك الأفراد وأدائهم في العمل).

- نظام التعليم الرسمي بمختلف مراحله: (أهميته وأنواعه – أثره على تكوين الأفراد وقدراتهم ومعتقداتهم)

- جهود أجهزة التدريب الخارجية: (أنواعها – دورها في تنمية قدرات العاملين).

- الثقافة العامة: (ما أهميتها وأنماطها – ثباتها وتغيرها – تأثيرها على أعمال المنظمة).

- أجهزة الإعلام: (دورها في نشر المعلومات – أنواعها ومدى ثقة الجماهير فيها).

التعليم والاقتصاد:

ما كان ليظهر فرع خاص باقتصاديات التعليم لولا العلاقة المتينة بين الاقتصاد والتعليم، فمن جهة يسهم مستوى التعليم في تحديد مستوى إنتاجية العمل ومن ثم في مستوى النمو الاقتصادي، ومن جهة أخرى يتحدد مستوى الإنفاق على التعليم، ومن ثم مستوى التعليم ذاته، بمستوى التطور الاقتصادي في البلد المعني.

ومن الملاحظ أن مستوى التعليم في الدول المتقدمة الغنية أعلى من مثيله في الدول النامية والسبب الرئيس في ذلك يرجع إلى المخصصات التي توفرها البلدان المتقدمة للإنفاق على التعليم. من ناحية أخرى يوفر النظام التعليمي إعداد القوى العاملة كمياً وكيفياً. فتجد المؤسسات الاقتصادية حاجتها من العاملين في سوق العمل.

وتعد درجة المواءمة بين مخرجات نظام التعليم وحاجات الاقتصاد الوطني من اليد العاملة أحد معايير مستوى تطور النظام التعليمي، يضاف إلى ذلك التشابه الكبير بين القطاع التربوي والقطاع الاقتصادي فكلاهما يشتمل على عمليات إنتاجية واستهلاكية.

فالتعليم في جزء منه عملية إنتاجية يشترك فيها المعلمون والطلبة والإدارة والمناهج والتقنيات ورؤوس الأموال لإنتاج مخرجات من المعارف والمهارات يحصل عليها الخريجون لتوظيفها في الأعمال الاقتصادية والحصول منها على دخل معين، كما أنه في جزء آخر منه عملية استهلاكية تتضمن تلبية حاجة المتعلمين إلى التعلم والمعرفة.

تطوير التعليم وتنمية الموارد البشرية:

إنَّ العلاقة ما بين تنمية الموارد البشرية وتطوير العملية التعليمية علاقة وطيدة، وهي علاقة متبادلة، فكما أنَّ تنمية الموارد البشريّة تعتمد في الأساس على تقديم الدولة تعليماً متطوراً، فإنَّ العمل على

تحقيق التنمية البشرية يؤدي إلى خلق كوادر قادرة على بناء منظومات تعليمية متطورة وفاعلة وبشكل مفصّل.

إنَّ التعليم بكافة مراحله ومستوياته يعدّ الركيزة الأساسية في تطوير وتنمية العنصر البشري أو بالأحرى تطوير وتنمية ما يسمى بالاستثمار في رأس المال البشري، فالتعليم يُنظر إليه بشكل أساسي على أنَّه يؤدي **مهمتين أساسيتين، هما:**

- تزويد الأفراد بمؤهلات من شأنها أن تتيح لهم المنافسة محليا وعالميا في مجال سوق العمل،
- تحسين القدرات الإنتاجية للأفراد من أجل رفع مستويات مساهمتهم الاقتصادية في تكوين الناتج المحلي القومي إضافة إلى كافة الجوانب الأخرى من اجتماعية وصحيّة... إلخ، وهما عماد التنمية البشرية المستدامة، ومنطلقها.

انفصال مخرجات العملية التعليمية عن سوق العمل أمر خطير ويزيد نسبة البطالة:

نتيجة لانعزال تعليم أغلب الدول النامية والتي على رأسها دول الوطن العربي عن الحياة العملية داخل سوق العمل - أصبَحنا نُعاصِر فجوةً كبيرةً وقائمة على أرض الواقع بين مُخرجات العملية التعليمية وما تقدِّمه، وبين سوق العمل وما يتطلبه من مواصفات معينة، فبدلاً من أن يكون التعليم هو الأداة التي تساعد على إخراج الكفاءات التي يتطلبها سوق العمل أصبح بمَثابة العائق الأكبر أمام إيجاد الكفاءات والخِبرات التي يتطلبها سوق العمل باستمرار.

دور التعليم في توفير فرص العمل:

إنه لمن الطبيعي أن يكون هناك علاقة كبيرة بين كل من التعليم وسوق العمل وما يتطلبه من كافة التخصُّصات في مجالات العمل

المختلفة، أن استراتيجيات وسياسيات التعليم في أي دولة من الدول إذا ما تمَّ ربطُها بشكل أو بآخَر بما يتطلبه سوق العمل داخل هذه الدولة، على أن يتم ذلك بطريقة علمية ومنهجه - تعمل في النهاية على تقريب الفجوة بين ما يتطلبه سوق العمل وبين مخرجات التعليم.

وإذا أمعنا النظر هنا سنجد أن التعليم يلعب دورًا يكاد يكون هو الدور الأساسي الذي تقوم عليه أي سياسيات تَستهدِف إحداث إصلاح اقتصادي.

الدول التي تعاني من نسبة بطالة عالية - تبحث عن سياسيات جديدة ومشاريع جادة فيما يخصُّ التعليم والتدريب المؤهلين لسوق العمل، حتى تكون عاملاً في زيادة كفاءة العمالة الوطنية، الأمر الذي يؤدي بدوره إلى القدرة على المنافسة أمام العمالة الأجنبية.

العلاقة بين التعليم والتنمية المستدامة:

التعليم مفتاح التقدم وأداة النهضة ومصدر القوة في المجتمعات.

ويعتبر التعليم والتنمية وجهين لعملة واحدة فمحورهما الإنسان وغايتهما بناء الإنسان وتنمية قدراته وطاقاته من اجل تحقيق تنمية مستدامة بكفاءة وعدالة تتسع فيها خيارات الحياة أمام الناس.

من هنا ندرك أن هناك علاقة وثيقة بين التعليم والتنمية المستدامة والتي تمثل (التنمية الاقتصادية، والتنمية الاجتماعية والتنمية البيئية)، لا تستطيع التنمية أن تحقق أي خطوة إلا إذا توفرت القوى البشرية المؤهلة، وبالتالي فإن عملية التعليم أو التعلّم بالأحرى هي أساس عملية.

تقول حكمة صينية: إذا أردت الاستثمار لعام واحد فازرع الحنطة وإن أردت الاستثمار لعشر سنوات فازرع شجرة ولكن إن أردت الاستثمار مدى الحياة فازرع في الناس. اهتمام كبير ومباشر بقضية

التربية والتعليم والتدريب والتطوير حتى نحقق أهداف الأمة العربية والإسلامية بتنمية حضارية شاملة مستدامة.

"يمثل الحرمان من التعليم، أول مراحل الحكم على البشر بالفقر، ويميل هذا الحرمان ليكون أقسى في حالة النساء والأطفال، ومن المؤكد أن قلة التحصيل التعليمي، ورداءة نوعيته، ترتبط بقوة بالفقر".

الصلة بين الخطة التربوية والتعليمية والخطة الاقتصادية تكاد تكون مقطوعة، نظرا لضعف التواصل بين حاجات التربية والتعليم من جهة وحاجات التنمية الاقتصادية من جهة أخرى،

وهي بمواصفاتها الحالية عاجزة عن ربط المدرسة بسوق العمل، وذلك لضعف المستوى العملي لخريجيها، وهو ما يجعل المدرسة بواقعها الحالي عاجزة عن إعداد الناشئين إعدادا جيدا لسوق العمل، والذي ينعكس سلباً على التنمية بشكل عام.

مستقبل التعليم والتنمية المستدامة:

في السياق العام للحديث عن مستقبل التعليم ودوره في التنمية المستدامة تطرح العديد

من الأسئلة منها:

1) ما هي رؤيتنا لأنفسنا في حاضرنا ومستقبلنا وفي عصر العولمة؟ وما هي طموحاتنا تجاه فرص العولمة وتحدياتها ومكانتها، وهل سنكون في ركب القيادة أم من الدول التابعة؟ وكيف سنرى مستقبل الأجيال القادمة؟ وما هي التوجهات والخيارات لجعل الأجيال القادمة قادرة على النهوض ببلدانهم؟

2) وضع رؤى واستراتيجيات واضحة للأجيال التي تلينا هي محور ارتكاز الاستدامة في النمو الذي نصبو إليه، في عصر تكّمن تحدياته في تعليم الشباب وتأهيله، والتأسيس لدور هذا الشباب في إخراج

المجتمعات العربية من حالة التهميش الاقتصادي والمعرفي والسياسي.

3) لن يكون هناك تنمية مستدامة إلا بقيادة الإنسان نفسه للتنمية الشاملة، وستكون الاستراتيجيات التي نسعى من خلالها لتحقيق طموحاتنا موجهة للدور الذي يضطلع به التعليم في إحداث تنمية شاملة.

بعض الاستراتيجيات التي من شأنها الرفع من مستوى التعليم التنموي:

1. مستقبل التعليم والتركيز على التخطيط والرؤى، فتكون نوعية التعليم تواكب التحولات والمستجدات العالمية.
2. تعميم التعليم وتكافؤ الفرص.
3. محفزّة للحراك الاقتصادي والاجتماعي والسياسي.
4. احتضان الكفاءات والبحث العلمي ذو النوعية العالية.
5. التعلّم المستمر مدى الحياة.
6. صقل المواهب والمهارات بتقنية المعلومات في عالم المعرفة.
7. بناء القدرات وامتلاك أدوات الابتكار.

إن كانت هناك رغبة في إنجاح التنمية الشاملة المستدامة وردم الفجوة العلمية والنهوض بالمستوى العلمي لمخرجات التعليم في الجامعات علينا أن نعزز بعض الأمور:

1) تعميم التعليم والاهتمام بجودته ومضمونه ومعايير قياسه.
2) الاهتمام بالتدريب العلمي والتكنولوجي والتطبيقي، وبالتدريب المستمر وخلال العمل.
3) تنمية المؤسسات وبناء المنظومة الوطنية للعلم والتكنولوجيا والمعرفة.

4) الاهتمام بالتدريب والتعليم المهني القادر على تخريج حرفيين وفنين اكفاء ومقتدرين.

5) ونخلص بنتيجة أن من المؤشرات الهامة على قدرة المجتمعات في اكتساب المعارف والعلوم هي ما تصرفه على البحث العلمي والتطوير، مقاساً بقيمة المقدرة لكل فرد من السكان من الناتج المحلي الإجمالي.

إن أزمة التعليم تتجسد في ثلاثة أبعاد أساسية متكاملة ومترابطة:

1) فلسفة التعليم العالي، التي تحدد هدف العملية التعليمية: هل الهدف هو تخريج متعلمين، أم متثقفين، أم باحثين ومشروع علماء، بناءً على ذلك كيف يتم تحديد التخصصات – النظرية والعلمية والتطبيقية- واختيار مناهج التدريس.

2) المنظومة التعليمية والعلمية المتكاملة، التي تشمل التعليم بكافة مراحله وأنماطه: عام وعالٍ، مهني وفني، إلى جانب البحث العلمي والتطوير والتكنولوجيا، والتأكيد على أهمية هذه المنظومة التعليمية والعلمية المتكاملة.

3) المنظومة المجتمعية، بأبعادها السياسية والاقتصادية والاجتماعية والثقافية، التي تحدد كلاً من فلسفة التعليم العالي، والمنظومة التعليمية والعلمية المتكاملة.

الموضوع العاشر: التكنولوجيا

مقدمة:

لقد أصبح العالم الآن معتمدا اعتماد كليا على التكنولوجيا. ولقد ساهمت التقنية الحديثة في تطوير العلم وتطبيقاته التكنولوجية بسرعة كبيرة وجعلته مختلفاً عن الأمس وستجعل من عالم الغد مختلفاً تماماً عن عالم اليوم. وهذا ما اعطى للتكنولوجيا دور القوة والسلطة. ولقد ساهم التقدم التكنولوجي والنضوج التنظيمي في زيادة الانتاج وتراكم رأس المال وخلق منافسة شديدة في ما بعد بين الشركات المصنعة. لذا توسع دور التكنولوجيا والتطوير الى اقسام كبيرة مع مهارات تقنية وقانونية وادارية في المحافظة على الموقع الصناعي واشارة على النوعية والكفاءة الانتاجية والكلفة.

أن الشيء الوحيد الذي نعتمد عليه في المستقبل هو التغيير المستمر للتكنولوجيا فقد أدى النمو الصناعي إلى التغيير في مجالات عديدة من الحياة حيث أدى عهد المعلومات إلى استخدام الكومبيوتر كمساعد في مجال الإدارة التصنيع مما ساهم في تطوير أنظمة ووسائل أخرى متعددة جديدة.

فعالمنا الحاضر يتميز بدرجه عالية من التطور العلمي والتفوق التكنولوجي في كافة المجالات إلى حد باتت معه القدرة على إبداع المعرفة العلمية والتكنولوجيا أحد المقومات الأساسية للنمو الاقتصادي وكل ذلك شجع المنظمات على الابتكار وتطبيق التكنولوجيا الحديثة للتكيف مع البيئة والإنتاج بكفاءة عالية وتقديم منتجات جديدة.

أن التغيير التكنولوجي يؤدي إلى اكتساب المنظمات مهام جديدة وأساليب جديدة وثقافة جديدة وطرق جديدة للقيام بالأعمال مما يتطلب مهارات جديدة ومختلفة تؤثر في النظام الداخلي.

إن استخدام التكنولوجيا في العمل لها تأثير كبير إيجابي في دورة العمل على المستوى الفردي من ناحية وعلى المستوى الوظيفي من ناحية اخرى بالإضافة إلى إن استخدام التكنولوجيا في دورة العمل يقلل من التعقيدات وزيادة السرعة في إنجاز الوظائف وتقليل التكاليف اللازمة لأداء العمل ويساعد على زيادة كفاءة المنظمة.

استخدامات التكنولوجيا:

أولا: زيادة إنتاجية السلع وتوفير الخدمات.

ثانياً: تقليل كمية العمالة اللازمة والحد من الأعمال الشاقة المطلوبة لإنتاج السلع وتوفير الخدمات

ثالثًا: تيسير سبل الحياة وسهولة الأعمال.

رابعًا: رفع مستوى المعيشة بصورة كبيرة.

تعريّف التكنولوجيا:

الاستخدام الأمثل للمعرفة العلميّة، وتطبيقاتها، وتطويرها لخدمة الإنسان ورفاهيّته، ومساعدته في حل المشكلات.

وأيضا: هي حصيلة التفاعل المستمر بين الإنسان والطبيعة، تلك الحصيلة التي تزيد من كفاءة هذا التفاعل بهدف زيادة الإنتاج أو تحسين نوعه أو تقليل الجهد المبذول.

أهمية التكنولوجيا:

1. تفيد في إنهاء المعاملات بشكل أسرع.
2. سرعة الوصول للمعلومة واتخاذ القرار.
3. تساعد في التطوير المستمر.
4. تساعد على ارتباط المنظمات بين بعض.

5. القضاء على هدر الوقت والجهد والموارد.
6. خفض تكاليف الانتاج في المنظمات.

من استخدامات التكنولوجيا الشائعة:

تقنية الاتصالات: تشمل هذه الفئة التقنية المستخدمة بهدف تسهيل التخاطب وزيادة طرق الاتصال الشخصي. ومن الأمثلة على ذلك: الهاتف الخلوي والاتصال المرئي والاتصال الجماعي وأجهزة النداء الآلي.

تقنية الإعلام والترفيه: تساهم التقنية في الإعلام الإلكتروني بأشكال متنوعة ليحل محل الإعلام التقليدي. مثال على ذلك أجهزة التلفاز وأجهزة الراديو الرقمية والكتب الالكترونية وألعاب الفيديو.

مراحل التطور التكنولوجي:

1. **التكنولوجيا الناشئة:** هذه التقنية تعتبر متقدمة وفي مرحلة النمو ولذلك ستكون نسبة المخاطرة فيها عالية في حال استخدامها كونها لم تطبق من قبل.
2. **التكنولوجيا السريعة:** وهي التكنولوجيا التي تتقدم بسرعة في قبولها وكذلك في عدد مستخدميها كونها وصلت إلى مرحلة الوثوق المبدئي.
3. التكنولوجيا الرئيسية: هي التكنولوجيا التي أصبحت موثوقة بسبب سجلها التاريخي الآمن حيث أصبحت أحد أهم أدوات تحقيق المنافسة بين المنشئات.
4. **التكنولوجيا الأساسية:** هذه آخر مراحل تطور التقنية حيث تصبح التقنية في هذه المرحلة احد أساسات المنشأة وبدونها ستخسر مركزها التنافسي.

علاقة التكنولوجيا بالبيئة الخارجية:

1. التنظيم بين الشركات الدولية والمحلية.
2. تساعد الشركات في حضور المؤتمرات.
3. تساهم التكنولوجيا في التسويق والوصول لأكبر عدد من المستهلكين حول العالم.
4. سهولة الاتصال بالموردين حول العالم.
5. يؤدي الى زيادة رقعة السوق

علاقة التكنولوجيا في بالعمل والبيئة الصناعية:

في المنظمات البيئية: تساعد في مكافحة التلوث عن طريق محاولة التأثير على المشرعين وانتخاب القادة السياسيين الذين يولون اهتماما بالبيئة. وتقوم بعض الجماعات بجمع الأموال لشراء الأراضي وحمايتها من الاستغلال. وتدرس جماعات أخرى تأثيرات التلوث على البيئة، وتطور نظما لإدارة ومنع التلوث، وتستخدم ما توصلت إليه من نتائج لإقناع الحكومات والصناعات بالعمل على منع التلوث أو الحد منه. وتقوم المنظمات البيئية أيضا بنشر المجلات والمواد الأخرى لإقناع الناس بضرورة منع التلوث.

جهود الأفراد: يعد الحفاظ على البيئة من المهام الصعبة ولكنه ليس بالمستحيل وعلى الإنسان دور كبير في الحفاظ على البيئة وذلك عن طريق عدم إلقاء المخلفات والنفايات بكل صورها. وعدم الإفراط في استخدام المبيدات الحشرية الضارة المؤثرة على البيئة سلبيا، والعناية بالتربة والمياه مما يشكل مصدر الحياة لكل الكائنات الحية. يعد حفظ الطاقة من أهم الطرق التي يمكن للفرد أن يتبعها للحد من التلوث. فحفظ الطاقة يحد من التلوث الهوائي الناجم عن محطات القدرة. وقد تؤدي قلة الطلب على الزيت والفحم الحجري إلى التقليل من انسكاب الزيت، ومن التلف الحاصل للمناطق المشتملة على الفحم الحجري.

والتقليل من قيادة السيارات يعد أيضًا أحد أفضل طرق توفير الطاقة وتجنب التلوث الحاصل للهواء.

تأثير التكنولوجيا على المنظمات:

تعتبر التكنولوجيا بكل أبعادها وقدراتها من الأمور المهمة الاستراتيجية في نقل المعرفة وتوليدها والمشاركة فيها. إن تطور الفكر الإداري الأكاديمي والتطبيقي خلال العقود الأخيرة قد أوجد الحل لكثير من مشاكل الإدارة، وكنتيجة لهذا التطور قد حدث تغيير هيكلي في وظائف الإدارة وأساليب العمل في المنظمات الحديثة بعد معالجة وتحليل المعلومات التي أصبحت تشكل موردا هاما لأية منظمة بل أصبحت من الأبعاد الأساسية للعملية الإدارية. ومن هنا فإن ظهور التكنولوجيا أوجد فرصا جديدة أمام مدراء منظمات الأعمال لإيجاد مجالات لاستخدامها في استراتيجيات الأعمال.

يمكن استخدام التكنولوجيا في 3 مستويات لتحسين الوضع التنافسي للمنظمة:

1. على مستوى الصناعة: ممكن ان تساهم التكنولوجيا في طبيعة الصناعة التي تتنافس فيها المنظمات. اذ ان التصنيع يتكامل الان بالتصنيع المتكامل بالحواسيب والتشكيلات الاخرى للإنتاج المرن.

2. على مستوى اقتصاديات الانتاج: حيث تساهم التكنولوجيا في تدنية التكاليف وتقليل الكثير من الجهد والاستخدام الامثل للموارد المتاحة في المنظمة.

3. على مستوى نشاط التوزيع والتسويق: تستطيع المنظمة التي تمتلك تكنولوجيا متطورة ان تسيطر على مواطن القوة والضعف في السوق واتخاذ القرارات التسويقية المناسبة.

الموضوع الحادي عشر: خدمة المجتمع والتطوع

خدمة المجتمع:

تمثل المسؤولية الاجتماعية للشركات اليوم اللغة المستخدمة للتعبير عن دور هذه الشركات وقطاع الأعمال في المجتمع. وأصبح الحديث عنها في الآونة الأخيرة عنوانا للمؤتمرات والندوات، ومجالا للدراسات والأبحاث سواء من قبل الأفراد أو مراكز البحوث والمنظمات الدولية، كما تزايد الاهتمام بها من قبل كل الحكومة والشركات نفسها، وأصبحت المسئولية الاجتماعية جزءا من استراتيجية شركات الأعمال للتفاعل مع المجتمع والبيئة المحيطة.

تعريف خدمة المجتمع:

هي عملية ديناميكية مستمرة تساعد أفراد المجتمع على معرفة حاجياتهم ومعرفة مشاكلهم ودفعهم كي يعملوا مجتمعين ومعتمدين على أنفسهم لإشباع حاجياتهم وحل مشاكلهم وفقا لخطط واقعية كي يصلوا إلى مستوى أفضل وأفضل في النواحي الاجتماعية والثقافية والاقتصادية.

تشير خدمة المجتمع للخدمات التي يقوم بها شخص أو مؤسسة من أجل صالح المجتمع، تطوعا أو فرضا. قد تشمل أي من:

- تطوير وصيانة الأماكن العامة
- مساعدة كبار السن ومتحدي الإعاقة

- توفير فرص عمل من خلال مساندة المشروعات الصغيرة مثلا
- تعليم الأطفال أو محو أمية الكبار مجانا
- تنظيم نشاطات توعوية وثقافية
- تأجير معرض لبيع المشغولات اليدوية وتسويقها بشتى الطرق

دور المؤسسة اتجاه المسؤولية الاجتماعية:

- كفالة الأيتام والتبرع للمسنين.
- تقديم دعم مادي لموظفي المؤسسة ذوي الدخل المحدود.
- حضور اجتماعات البناء الخاصة بذوي الاحتياجات الخاصة.
- عقد ندوات توعوية تتعلق بمواصفات كفاءة الطاقة والمياه.
- توجيه رسائل توعوية مختلفة للتجار والمصنعين والمواطنين والمستهلكين.
- تدريب طلاب الجامعات وحديثي التخرج في مديريات المؤسسة المختلفة.
- حملة التبرع بالدم.
- إعادة تدوير الورق.
- تقديم دورات تثقيفية للاتحاد النسائي.

مفهوم المسؤولية الاجتماعية لمنظمات الاعمال:

عرّف البنك الدولي لمنظمات الأعمال على أنها التزام أصحاب النشاطات التجارية بالمساهمة في التنمية المستدامة من خلال العمل مع موظفيهم وعائلاتهم والمجتمع المحلي لتحسين مستوى معيشة الناس بأسلوب يخدم التجارة ويخدم التنمية في آن واحد.

أنماط المسؤولية الاجتماعية:

أ – النمط الأول: المسؤولية الاقتصادية:

الهدف هو الربح، والدور الاجتماعي ما هو إلا تحصيل حاصل ودور ثانوي.

ب – النمط الثاني: الاجتماعي:

إن هذا النمط بالعكس تماما من النمط الأول ويحاول أن يعرض المنشآت كوحدات

اجتماعية بدرجة كبيرة تضع المجتمع ومتطلباته أمام أعينها في جميع قراراته.

ج- النمط الثالث: الاقتصادي - الاجتماعي:

هو الأكثر توازنا لأن المنظمات توازن بين تحقيق الربح والقيام بأدوار اجتماعية.

الآثار الإيجابية للخدمة المجتمعية على الشركات:

1. تحسين سمعة هذه الشركات في المجتمعات التي تعمل بها.
2. وسيلة للتعريف بالشركات بعيدا عن الجوانب الدعائية المكشوفة والمكلفة.
3. تحسين صورة الشركة وملاكها لدى العاملين.
4. المسؤولية الاجتماعية تعد اليوم الاستثمار الامثل للشركات التي ترغب في تحقيق درجات عالية من الرضا لدى المستهلكين وبناء علاقة وطيدة مع المجتمع.

عناصر المسؤولية الاجتماعية:

1. المالكون.
2. العاملون.

3. الزبائن.
4. المنافسون.
5. المجهزون.
6. المجتمع.
7. البيئة.
8. الحكومة.
9. جماعات الضغط الاجتماعي.

مجالات المحاسبة الاجتماعية:

لقد حددت لجنة المحاسبة عن الأداء الاجتماعي من قبل الجمعية القومية الاجتماعية للمحاسبين بأمريكا أربع مجالات للأداء:

1. تفاعل المنظمات مع المجتمع.
2. المساهمة في تنمية الموارد البشرية.
3. المساهمة في تنمية الموارد الطبيعية والبيئية.
4. الارتقاء بمستوى جودة السلع والخدمات.

حقوق العملاء والمسؤولية الاجتماعية:

- حق الأمان.
- حق الحصول على المعلومات (لمنع الغش التجاري).
- حق الاختيار (عدم الاحتكار).
- حق سماع رأي المستهلك.
- التمتع ببيئة نظيفة.
- الحق في التعويض (السلع الرديئة).
- حق التثقيف.

عوامل نجاح المسؤولية الاجتماعية للشركات:

- ضرورة الإيمان بقضية المسؤولية الاجتماعية نحو المجتمع.
- قيام الشركة بتحديد رؤية واضحة نحو الدور الاجتماعي الذي تريد أن تتبناه والقضية الرئيسية التي ستهتم بالعمل على المساهمة في معالجتها.
- قيام الشركة بتخصيص مسؤول متفرغ لهذا النشاط وتحدد له الأهداف والمخططات المطلوبة.
- الاهتمام بجعل هذه البرامج الاجتماعية قائمة بذاتها مستقبلا وتعمل على تغطية مصروفاتها ذاتيا.
- الحرص على تقديم هذه البرامج بأداء قوي ومتميز وجودة عالية.
- حسن إدارة الجوانب الاجتماعية التي تبرز أثناء قيام الشركات بنشاطها الاقتصادي، وتتمثل هذه الجوانب في الالتزام البيئي واحترام قوانين العمل وتطبيق المواصفات القياسية والتي تمثل تحديا للشركات[82].

معوقات المسؤولية الاجتماعية:

1. النظرة الضيقة والقصيرة المدى لقضية المسؤولية الاجتماعية.
2. وجود ثغرات في البيئات القانونية والتشريعية في العالم العربي والإسلامي.
3. غياب دراسات وتقارير تقييم الأثر الاستراتيجي المستقبلي لمشاريع التنمية البشرية.
4. ضعف الوعي لدى الحكومات والشركات بأهمية المسؤولية الاجتماعية.

نماذج من تجارب المسؤولية الاجتماعية لبعض الشركات العالمية:

شركة انتل:

تبرع حوالي نصف العاملين في الشركة بأكثر من مليون ساعة كخدمة في المدارس والمؤسسات غير الهادفة للربح وذلك عام 2010.

شركة كولجيت بالموليف:

قدمت الشركة تبرعات عينية ومنتجات الشركة للمؤسسات الخيرية بلغت حوالي 21.9 مليون دولار عام 2010.

شركة وول مارت:

تبنت الشركة في عام 2010 برنامج لمكافحة الجوع في أمريكا fighting hunger together

بمبلغ 2 مليار دولار في شكل نقدي وعيني بهدف القضاء على الجوع خلال الفترة 2015/2010.

الموضوع الثاني عشر: العادات والتقاليد

العادات:

وهو ما يعتاده الإنسان أي يعود آلية مراراً وتكراراً، وتمثل العادات النشاط البشري من طقوس أو تقاليد تستمد في أغلب الأحيان من فكر أو عقيدة المجتمع.

وهذا ما يجري بين المنظمات من عادات وثقة فيما بينهم لكثرة التعاملات التجارية وتبادل المنافع ويعتبر هذا جزء من القانون الرسمي.

التقاليد:

معناها أن يُقلِّد جيلٌ أساليب الجيل الذي سبقه ويسير عليها، إن كان ذلك في الملبس أو في السلوك والتصرفات أو في العقائد والأعمال المختلفة التي يرثها الخلف عن السلف .85

اهمية العادات والتقاليد:

- ترسم العادات والتقاليد شخصية الفرد، وتجعلنا نفرق بين الأشخاص حسب الانتماء أو المكان الذين أتوا منه.

- تجعلك تستشعر أهمية أن يكون لك وطنا خاصا بك، فهذا بحد ذاته أمر يجب عدم الاستهانة به.

- الاستعانة بتاريخك وتقاليدك وعاداتك تجعلك أفضل الاشخاص وأكثرهم حظا لأن لديك ما تحدث به أبناءك عند الكبر.

تأثير العادات والتقاليد على الفرد:

1- تأثير إيجابي

يختلف من شخص لأخر حسب بيئته ومزاجه والناس المحيطين به ولعل من أفضل العادات والتقاليد هي تقاليد وتعاليم ديننا الحنيف الدين الإسلامي والعادات الشرقية تمتلك كما هائلا من الإيجابيات.

2- تأثير سلبي

هناك تأثيرا واعتقادات موروثة لدينا لا نفكر فيها ولكن نفعها من باب المسلمات ومن الممكن أن نشعر أنها خاطئة ولكن نفعلها لأن من حولنا يفعلونها.

العادات الست لشركات الناجحة:

أولاً: كن مبادراً، أي لا تكون مشاريعك نتيجة ردود أفعال، بل أنت من يصنع المنافسة لا من يحاول اللحاق بها.

ثانياً: ابدأ والنهاية أمام عينك، أي لتكن خطتك الاستراتيجية التي تريد الوصول إليها مكتوبة.

ثالثاً: ابدأ بالأهم قبل المهم، أو رتب أولوياتك.

رابعاً: فكر لتربح ويربح الآخرون، أنشئ شركات صغيرة من شركتك، لتخدمك وتخدم غيرك.

خامساً: أفهم جيداً ما يقال لكي يفهمك الآخرون، وهذا يتطلب الوصول إلى العملاء بشتى أنواعهم، فهم الذين يصنعون فرص التطور.

سادساً: التعاون المبدع، والتعاون قد يكون بين المتنافسين، وقد يكون التعاون بينهم من خلال الاندماج أو الاستحواذ للصمود أما هذه الأزمة المالية.

العادات السبع المدمرة التي يجب تجنبها:

1- إنكار الواقع الجديد، ويضم إنكار التحولات التي تحصل على مستوى التقنيات الصاعدة.

2- تغيير أذواق المستهلكين والبيئة العالمية الجديدة.

3- اعادة حافز الدفاع عن منطقة النفوذ وتعني الصراعات الثقافية وحروب النفوذ والسيطرة.

4- الغطرسة أي التباهي قبل السقوط بدل الاعتراف بوجود المشاكل.

5- الرضا والاتكال على الكفاءة.

6- قصر النظر التنافسي أو الرؤية الحسيرة للمنافسة.

7- الهوس بالحجم الذي يؤدي إلى ارتفاع التكاليف وانخفاض هوامش الربح.

كيفية التخلص من هذه العادات عن طريق ابتكار برامج وقائية تجنب الشركات اكتساب تلك العادات اصلا.

من مسؤوليات المنظمة القيام بنشر وتعليم ثقافة المنظمة بين العاملين، وتدريبهم على كيفية الالتزام بهذه الثقافة في أثناء تعاملهم مع الآخرين، إذ تعبر ثقافة المنظمة عن القيم والعادات السلوكية التي تؤدي إلى توحيد إدراك وتفهم العاملين لرسالة المنظمة وأبعاد هذه الرسالة، وتوضح هذه الثقافة ما هو أخلاقي وتريد المنظمة تأصيله وتوطين العاملين عليه، وما هو غير أخلاقي وترفضه تماما.

الموضوع الثالث عشر: تفاعل المنظمة البيئي

تتفاعل المنظمات مع بيئتها لتبقى وتنمو، فالمنظمة التي لا تتفاعل مع البيئة ستخرج من السوق عاجلا أم آجلا إذا لم تتدارك وضعها، أما المتفاعلة مع البيئة تكون أكثر استجابة للتطورات وتصبح بذلك منظمة تتحسن باستمرار لتضمن نجاحها بما يسعد المُلّاك والعملاء.

ينبغي على المدراء أن ينظروا خارج المؤسسة للتأكد من أن أهدافهم تتسق مع البيئات الحالية والبيئات المستقبلية. ويمكن أن يكون هذا المسح البيئي صعبا جدا بالنسبة للمدراء بسبب مسئولياتهم اليومية المتعددة.

ويوفر التفاهم والوعي بالتطورات البيئية أساسا صلبا للمدير لمعرفة المكان الذي يوجه نظره إليه من أجل تحليل البيانات المسترجعة عن بيئة العمل، وثمة سلوكيات متعددة من شأنها تذليل عملية المسح البيئي واثارها ومسبباتها.

من الذين تتفاعل معهم المنظمة؟

تتفاعل المنظمة مع كل ما يحيط بها من مؤثرات سياسية وقانونية واقتصادية واجتماعية، وما ترتبط له من أصحاب المصلحة من عملاء وملّاك وموردون ومنافسين وموزعون وهو ما تناولناه في الفصول السابقة ككل.

كيف تتفاعل المنظمة بشكل سليم مع البيئة؟

إذا أرادت المنظمة التفاعل بشكل سليم مع البيئة فعليها الحصول على إجابات واضحة ومحددة لهذه الأسئلة:

1. ما المتغيرات البيئية الخارجية التي تؤثر في أعمال ونشاطات المنظمة عامة، والموارد البشرية خاصة؟
2. ما مدى حركة وتأثير هذه المتغيرات البيئية الخارجية؟
3. ما الاستراتيجية التي يجب أن تبنيها المنظمة، والاستراتيجيات التي تبنيها إداراتها المكونة لهيكلها التنظيمي، للتعامل والوقوف في وجه تأثير هذه المتغيرات الخارجية؟

العوامل المؤثرة على بيئة المنظمة وتفاعلها الخارجي:

العوامل التي تملك أقوى تأثير على الشركات عادة ما تكون قانونية وسياسية واقتصادية.

الشركات لا تعيش منعزلة.

الشركات وجدت كجزء من المجتمع، مما يجعلها مسؤولة وخاضعة للمساءلة من أصحاب المصلحة.

1. العوامل الاقتصادية:

- أهم تأثير للعوامل الاقتصادية الخارجية على العمل هو مستوى القدرة التنافسية في السوق.
- هذا العامل يحدد مقدار الربح الذي يمكن للشركة تحقيقه.
- عوامل أخرى، مثل الطلب على السلع الاستهلاكية، والضرائب، وأسعار الفائدة، تؤثر على الأعمال عن طريق تحديد عدد الناس الذين على استعداد لدفع نقودهم مقابل شراء ما تنتجه الشركة من منتجات او خدمات، وكم من الإيرادات الناتجة يجب أن تعطيها للحكومة كضرائب او رسوم.

2. العوامل الاجتماعية:

- العوامل الاجتماعية تحدد ما يمكن للأعمال التجارية القيام به وما لا يمكنها عمله.
- قد تتعرض الشركات التي تشارك في الحملات التسويقية ذات الإيحاءات الغير مقبولة في المجتمع أو تسيء إلى موظفيها، او تضلل الجمهور بمعلومات كاذبه ـ للمقاطعة من الجمهور، والهجوم من الإعلام والمقاضاة من المنظمات الحقوقية. إلخ، وأشكال أخرى من رد الفعل العنيف الذي يدمر الشركة.
- الأعراف الاجتماعية تحدد قواعد غير رسمية للشركات يجب أن تعمل في حدودها وتراعيها في عملها.

3. العوامل القانونية:

- القوانين تحدد القواعد الرسمية التي يجب على الشركات الالتزام بها.
- القوانين التجارية للتعامل مع المنافسة: على سبيل المثال، منع الاحتكارات؛ الحد الأدنى للأجور، الضرائب، الالتزام بالاشتراطات الصحية والأمنية وأمور أخرى.
- لأن العقوبات المفروضة على مخالفات الشركات شديدة لدرجة أن معظم الشركات تأخذ المسائل القانونية بجديه كبيره.

4. العوامل السياسية:

- القضايا السياسية تأتي في بعض الأحيان كمؤثر مهم على أنشطة مجتمع الأعمال.
- علاقات الدولة الخارجية او القلاقل السياسية تؤثر بشكل خطير على الأعمال داخلها.

5. العوامل البيئية الطبيعية:

- العوامل البيئية الطبيعية لها تأثيرات عميقة على طريقة عمل الشركات.
- توافر الموارد الطبيعية في منطقة معينة يحدد ما إذا كان يمكن أن تقام مشروعات تستفيد من هذه الموارد المتاحة.
- وجود تلوث يحدد ما إذا كان ذلك مكانا آمنا بالنسبة للشركات لوضع الموظفين في منطقة معينة.
- تنظيم القوانين البيئية يحظر على الشركات تلويث البيئة المحيطة بهم.

نموذج لضبط بوصلة بيئة العمل

	البيئة الخارجية		عناصر هامة ومؤثرة		البيئــة الداخلية	
14	التكنولوجيا		2 3 9		نظام الشركة	1
15	الموردون – العملاء المساهمون		10 14 16		سمعة الشركة	2
16	الوضع الاقتصادي العام		19 20 22		الهيكل التنظيمي	3
17	نظام الدولة				ولاء الموظفين	4
18	مستوى التعليم		عناصر أقل تأثير		الاتصالات	5
19	تفاعل المنظمة البيني		5 13 15		علاقات الموظفين	6
20	قانون العمل والتأمينات والقواعد		17 18 21		الرواتب والحوافز	7
21	المؤسسات المالية (البنوك)		24 25 26		التدريب	8
22	المنافسون				الملاك	9
23	خدمة المجتمع		عناصر تساهم في نمو المنظمة		النمط الاداري	10
24	العادات والتقاليد		1 4 6 7		نشاط الشركة	11
25	العولمة		8 11 12 23		الترقيات	12
26	المؤسسات الحكومية				الاداء الوظيفي	13

مجرد رأي : خدمة حي الصالحية بتقديم التطعيم المجاني لأطفالهم كخدمة مجتمعية.

E-KUTUB
Publisher of publishers
Amazon & Google Books Partner
No 1 in the Arab world
Registered with Companies House in England
under Number: 07513024
Email: ekutub.info@gmail.com
Website: www.e-kutub.com
**Germany Office: In der Gass 10,
55758 Niederwörresbach,
Rhineland-Palatinate**
UK Registered Office:
28 Lings Coppice,
London, SE21 8SY
Tel: (0044)(0)2081334132